ANTON MENGER

DAS BÜRGERLICHE RECHT UND DIE BESITZLOSEN VOLKSKLASSEN

EINE KRITIK
DES
ENTWURFS DES BÜRGERLICHEN GESETZBUCHES
FÜR DAS DEUTSCHE REICH

Elibron Classics
www.elibron.com

Elibron Classics series.

ISBN 1-4212-5160-4 (paperback)
ISBN 1-4212-5159-0 (hardcover)

This Elibron Classics Replica Edition is an unabridged facsimile of the edition published in 1890 by H. Laupp, Tübingen.

DAS
BÜRGERLICHE RECHT
UND DIE
BESITZLOSEN VOLKSKLASSEN.

EINE KRITIK
DES
ENTWURFS EINES BÜRGERLICHEN GESETZBUCHES
FÜR DAS DEUTSCHE REICH.

VON

DR. ANTON MENGER,
PROFESSOR DER RECHTE AN DER UNIVERSITÄT WIEN.

ZWEITES UND DRITTES TAUSEND.

TÜBINGEN, 1890.
VERLAG DER H. LAUPP'SCHEN BUCHHANDLUNG

DRUCK VON H. LAUPP JR. IN TÜBINGEN.

VORREDE ZUR ERSTEN AUFLAGE.

Die Wissenschaft des bürgerlichen Rechts hat in diesem Jahrhundert im Rahmen der überlieferten Methoden grosse Fortschritte gemacht. Unsere Juristen haben nicht nur das Privatrechtssystem bis in seine geringfügigsten Einzelheiten ausgebildet, sondern sie haben auch seine geschichtlichen Grundlagen in unübersehbarer Fülle gesammelt und bearbeitet. Aber wie befinden sich die Völker bei diesem so hoch entwickelten Privatrecht? Wie befinden sich namentlich die besitzlosen Volksklassen, welche überall die ungeheure Mehrheit bilden? Diese entscheidende Frage ist bisher noch von keinem Juristen gestellt worden. Die vorliegende Schrift hat die Aufgabe, jene Frage zwar nicht zu beantworten, wohl aber ihre Beantwortung anzuregen und vorzubereiten.

Mein Buch erscheint in der Form einer Streitschrift gegen den Entwurf eines bürgerlichen Gesetzbuchs für das Deutsche Reich. Schwerlich hätte ich in alter und neuer Zeit ein Gesetzeswerk finden können, welches die besitzenden Klassen so einseitig begünstigt und diese Begünstigung so unumwunden zu erkennen gibt, wie der deutsche Entwurf. Aber ich hoffe, dass die hier ausgesprochenen Gedanken sich auch über diese unmittelbare Veranlassung hinaus als fruchtbar erweisen werden.

Die vorliegende Schrift ist zuerst in dem von Dr. Heinrich Braun herausgegebenen »Archiv für soziale Gesetzgebung und Statistik« erschienen. Die erste bis vierte Abteilung (Nr. I—LIII) wurde im 1. und 3. Heft des Jahrgangs 1889, der Rest (Nr. LIV—LIX) in dem 1. Heft des Jahrgangs 1890 veröffentlicht.

Wien, am 12. Januar 1890.

Anton Menger.

VORREDE ZUR ZWEITEN AUFLAGE.

Der Zeitraum zwischen der ersten und zweiten Ausgabe dieses Buchs ist so kurz, dass ich zu grösseren Abänderungen keinen Anlass fand. Ich kann deshalb die zweite Auflage nur als eine durchgesehene und in einzelnen Abschnitten verbesserte bezeichnen. Gern hätte ich die überaus zahlreichen Beurteilungen meiner Arbeit berücksichtigt, welche mir aus den weitesten Kreisen teils durch die Presse, teils im Wege der Privatkorrespondenz zugekommen sind; eine solche Berücksichtigung hätte jedoch den Umfang dieser für ein grösseres Publikum bestimmten Schrift über die Gebühr erweitert. Vielleicht wird es mir möglich sein, diesen zum Teil sehr beachtenswerten Erörterungen später an einer anderen Stelle gerecht zu werden.

Baden, den 20. August 1890.

Der Verfasser.

INHALT.

Seite

V o r r e d e III

E r s t e A b t e i l u n g:

Der allgemeine Teil.

I. Standpunkt der in dieser Schrift gegebenen Kritik des deutschen Entwurfs. Ablehnung des sozialistischen Standpunkts 1

II. Privatrechtliche Grundlagen (Eigentum, Vertragsfreiheit, Erbrecht) 3

III—IV. Entstehung des Rechts. Ablehnung der Theorien der historischen und naturrechtlichen Schule 5

V. Unfähigkeit der historischen Schule zur Gesetzgebung . . 10

VI. Allgemeiner Charakter des deutschen Entwurfs 14

VII. Zurücksetzung der besitzlosen Volksklassen in der R e c h t s - v e r f o l g u n g 17

VIII. Die Nachteile der Rechtsunkenntnis 20

IX. Die Gesetzes- und die Rechtsanalogie 22

X. Beurteilung der inneren Zustände im Zivil- und Strafprozess 26

XI. Passivität des Richters im Zivilprozess 29

XII. Vorschläge zur Umbildung der Zivilrechtspflege . . . 32

XIII. System des Privatrechts 36

Z w e i t e A b t e i l u n g:

Das Familienrecht.

XIV. Einseitiger Charakter des geltenden Familienrechts im allgemeinen 39

Seite

XV. Die Ehe. Die Scheidungsgründe 41
XVI. Einseitigkeit des Ehegüterrechts 45
XVII–XVIII. Unterhaltspflicht der Eltern. Aufrechterhaltung des Ammenwesens 49
XIX–XX. Soziale Wichtigkeit des Rechtsverhältnisses der unehelichen Kinder. Dürftige Normierung desselben in dem deutschen Entwurf 57
XXI. Deflorationsklage 64
XXII. Behandlung der unehelichen Kinder im französischen Recht, im deutschen Gerichtsgebrauch und im preussischen Landrecht 69
XXIII. Das preussische Gesetz vom 24. April 1854. Die Einrede der Bescholtenheit 75
XXIV. Die Einrede der Untreue (Exceptio plurium concumbentium) 79
XXV. Mass der Ansprüche aus dem unehelichen Beischlaf . 88
XXVI. Prozessuale Geltendmachung dieser Ansprüche . . . 93
XXVII. Zusammenfassung der legislativen Vorschläge über das Rechtsverhältnis der unehelichen Kinder 98
XXVIII. Zurücksetzung der Armen auf dem Gebiet des Vormundschaftswesens 102

Dritte Abteilung:

Das Sachenrecht.

XXIX. Allgemeiner Charakter des Sachenrechts 109
XXX. Losreissung der Eigentumsordnung von dem wirtschaftlichen Leben 112
XXXI. Beeinträchtigung der Unverletzlichkeit des Eigentums . 118
XXXII. Innere Abschwächung des Eigentums durch die Verwaltung und durch die Besteuerung 122
XXXIII. Schutz der blossen Inhabung 126
XXXIV. Die herrenlosen Sachen 130
XXXV. Zusammenstoss der besitzenden und besitzlosen Volksklassen auf dem Gebiet des Obligationenrechts 134

Vierte Abteilung:

Das Obligationenrecht.

Seite

XXXVI. Allgemeiner Charakter des Obligationenrechts. Ausscheidung der Obligationen aus unerlaubten Handlungen . 138

XXXVII. Einschränkung der Vertragsfreiheit 143

XXXVIII. Ausdehnung der Wuchergesetze 147

XXXIX. Der Dienst- oder Lohnvertrag. Dürftigkeit der Bestimmungen des deutschen Entwurfs 152

XL. Stellung des Staats zu dem Lohnvertrag. Die Dienstbotenbücher 155

XLI. Verpflichtung des Dienstgebers, für die persönlichen Güter des Dienstnehmers zu sorgen 159

XLII. Detailbestimmungen in Betreff dieser Verpflichtung . 163

XLIII. Entschädigungspflicht des Dienstgebers bei Verletzung dieser Verpflichtung 166

XLIV. Regelung dieser Verpflichtung durch die Verwaltungsbehörden 169

XLV. Einschränkung der Dienstverpflichtung der Dienstboten . 173

XLVI. Dienstverträge der verheirateten Frauen 176

XLVII. Die Disziplinargewalt des Dienstgebers 179

XLVIII. Zusammenfassung der legislativen Vorschläge über den Dienstvertrag 182

XLIX. Der Mietvertrag 184

L. Die unerlaubten Handlungen. Schutz der Vermögensinteressen und der persönlichen Güter im geltenden Recht 187

LI. Der ordentliche Hausvater 191

LII. Der wackere Mensch 194

LIII. Einwilligung des Verletzten zu unerlaubten Handlungen . 198

Fünfte Abteilung:

Das Erbrecht.

LIV. Die drei Grundformen der Erbfolge (die zwangsweise Erbvereinigung, die zwangsweise Erbteilung und die Testamentsfreiheit) 202

Seite

LV. Stellung des deutschen Entwurfs zu diesen Grundformen . 206

LVI. Kritik der aristokratischen Sozialpolitik 210

LVII. Einschränkung der gesetzlichen Erbfolge. Die erblosen Verlassenschaften 216

LVIII. Die Testamentsformen. Die Nachlassregulierung . . 219

LIX. Schlussbemerkungen. Notwendigkeit der Umbildung des Privatrechts 224

Das bürgerliche Recht und die besitzlosen Volksklassen.

Erste Abteilung.

Der allgemeine Teil des Entwurfs eines bürgerlichen Gesetzbuches für das deutsche Reich.

I.

Durch die vor Kurzem erfolgte Veröffentlichung des Entwurfes eines deutschen bürgerlichen Gesetzbuches ist der Ausgangspunkt für eine mächtige geistige Bewegung innerhalb der deutschen Nation gegeben worden. Alle Lebenskreise, welche in der heutigen Gesellschaft Geltung besitzen, werden ohne Zweifel nicht säumen, ihren Standpunkt gegenüber dem neuen Gesetzeswerk festzustellen und zu vertreten. Vor allem werden, wie billig, die Juristen an dem Entwurf Kritik üben, wobei der überlieferte Gegensatz zwischen Romanisten und Germanisten die Hauptrolle spielen wird. Dann werden auch alle Stände und Berufe: der höhere und der niedere Adel, die Landwirtschaft, das Gewerbe und der Handel ihre Interessen durch Kundgebungen ihrer Organe und durch wissenschaftliche Arbeiten geltend machen. Endlich kommen auch noch die Interessen der Religionsgenossenschaften in Betracht, die durch einzelne Teile des Entwurfs in erheblichem Masse berührt werden.

Nur ein Standpunkt wird in der grossen Diskussion wahrscheinlich unvertreten bleiben, obgleich die betreffende Volksgruppe mindestens vier Fünfteile der gesamten Nation umfasst, und dieser Standpunkt ist jener der besitzlosen Volksklassen. Zwar verfügt der Sozialismus in Deutschland über zahlreiche ausgezeichnete Schriftsteller; aber diesen mangelt das juristische Fachwissen, das zur erfolgreichen Kritik eines so umfassenden Gesetzeswerks unentbehrlich ist. Auch ist die Kritik des deutschen Sozialismus infolge des Einflusses von Lassalle, Marx und Engels fast ausschliesslich auf die wirtschaftliche Seite unserer Zustände gerichtet, obgleich die soziale Frage in Wirklichkeit vorherrschend ein Problem der Staatslehre und der Rechtswissenschaft ist. Da ich nun zu den wenigen deutschen Juristen gehöre, welche auf dem Gebiete des Rechts das Interesse der besitzlosen Volksklassen vertreten, so habe ich es für meine Pflicht gehalten, in dieser wichtigen Nationalangelegenheit die Stimme der Enterbten zu führen.

Freilich wird sich eine solche Kritik des Entwurfs, wenn sie anders nicht jeder Aussicht auf praktischen Erfolg zum voraus entbehren soll, gewisse Selbstbeschränkungen auferlegen müssen. Ich habe in meiner Schrift »Das Recht auf den vollen Arbeitsertrag« das sozialistische Rechtssystem in seinen Grundzügen dargestellt, und es wäre nicht schwer, den Entwurf vom Standpunkt der sozialistischen Rechtsideen einer Beurteilung zu unterziehen. Dennoch würde ich aber ein solches Vorgehen als verfehlt und als unzweckmässig erachten. Die Verfasser des Entwurfes hatten die Absicht und die Aufgabe, ein Gesetzbuch auf rein privatrechtlichen Grundlagen zu liefern, und jede fruchtbare Kritik ihrer Arbeit wird deshalb auch diese Grundlagen als gegebene Tatsachen auffassen müssen. Meine Aufgabe kann also nur dahin gehen, zu zeigen, wiefern die Interessen der besitzlosen Volksklassen, auch wenn man die grundlegenden Prinzipien unseres heutigen Privatrechts als Ausgangspunkt anerkennt, durch den neuen Entwurf verletzt oder nicht genügend gefördert werden.

II.

Die wichtigsten Grundsätze, durch welche sich unser heutiges Vermögensrecht von dem sozialistischen Rechtssystem unterscheidet und die deshalb auch in dem Entwurf eines deutschen bürgerlichen Gesetzbuchs Anerkennung gefunden haben, sind die nachfolgenden:

1. Alle Sachen können sich, sofern nicht eine gesetzliche Ausnahme gegeben ist, im Eigentum einzelner Personen befinden (Prinzip des Privateigentums);

2. Jedem Staatsbürger steht regelmässig frei, sich einem anderen zur Leistung von Sachen und Handlungen mit der Wirkung zu verpflichten, dass er zur Erfüllung seines Versprechens gezwungen werden kann (Prinzip der Vertragsfreiheit);

3. Die Vermögensrechte des Einzelnen gehen, wenn das Gesetz keine Ausnahme vorschreibt, nach seinem Tode auf diejenigen Personen über, welche er

selbst oder das Gesetz als Erben bezeichnet (Prinzip des Erbrechts).

Das Vermögensrecht, wie es der deutsche Entwurf gleich den übrigen Zivilgesetzbüchern auf Grund dieser Prinzipien ausgebildet hat, ist jedoch nur als eine der denkbaren Lösungen zu betrachten. In dem sozialistischen Rechtssystem gilt von jenen drei Grundsätzen das gerade Gegenteil. Die Sachen befinden sich mit gewissen Ausnahmen im Eigentum des Staates oder der staatlichen Verbände, der Einzelne ist regelmässig nur dem Staat zu Leistungen verpflichtet und ein Uebergang der Vermögensrechte, soweit diese im sozialistischen Staate überhaupt anerkannt sind, kann bei dem Tode des Berechtigten nur im beschränkten Masse stattfinden.

Von den beiden Triebfedern, welche das menschliche Handeln beherrschen, nämlich der Selbstsucht und dem Gemeinsinn, liegt also die erstere fast ausschliesslich dem privatrechtlichen, die letztere dem sozialistischen Rechtssystem zu Grund. Dies Verhältnis ist in Ansehung des Privatrechts auch seit langer Zeit erkannt worden, indem schon die römischen Juristen dieses als jenen Teil des Rechtes betrachten, welcher zur Förderung der individuellen Lebenszwecke des Einzelnen bestimmt ist. Auch kann es niemand befremden, dass unser bürgerliches Recht bei allen Grundfragen jene Lösung gewählt hat, welche von dem individuellen Egoismus verlangt wird, wenn man in Erwägung zieht, wie unser Privatrechtssystem entstanden ist.

III.

Die Grundzüge unseres Rechtssystems, namentlich auch des Privatrechts, sind lange Zeit vor dem Beginne unserer historischen Kenntnis durch Gewohnheit festgestellt worden. Als dann im Laufe der Entwicklung der Staat und die Gesetzgebung auf die Bühne der Geschichte trat, hatten beide nur die Aufgabe, die im wesentlichen bereits feststehenden Umrisse des Rechtssystems auszufüllen und näher zu bestimmen. Die Entstehung der Grundlagen unserer heutigen Rechtsordnung aus der Gewohnheit musste aber notwendig bewirken, dass die Ausbildung des Rechtssystems überall nicht im Interesse der grossen Massen, sondern zum Vorteile einzelner bevorzugter Volkskreise erfolgte.

In den ursprünglichen Zuständen des Menschengeschlechts waren, wie man noch jetzt bei jeder ungeregelten Vereinigung mehrerer Personen wahrnehmen kann, weder eine Rechtsordnung, noch auch rechtliche Befugnisse des Einzelnen anerkannt, sondern es standen sich überall bloss Interessen gegenüber, welche mit grösserem oder geringerem Erfolge geltend gemacht und behauptet wurden. In diesem Kampf der Interessen mussten nun die Starken und Mächtigen notwendig über die grosse Masse der Schwachen und Machtlosen den Sieg davontragen. Anfänglich war jene Macht lediglich durch hervorragende persönliche Eigenschaften, durch Mut und körperliche oder geistige Tüchtigkeit bedingt; später nach Ausbildung der Rechtsordnung wurden jene persönlichen Eigenschaften durch die bereits erworbenen Rechte gestützt und wohl auch völlig ersetzt. Je öfter nun die Starken bei den einzelnen

Interessenkonflikten ihren Vorteil auf Kosten der Schwachen durchzusetzen wussten, desto mehr musste sich bei den Mächtigen die Ueberzeugung bestärken, dass sie auch in Zukunft ihr Interesse behaupten werden, während die Machtlosen in dem gleichen Masse die Hoffnung verloren, dieselben später aus der von ihnen errungenen Stellung zu verdrängen, bis zuletzt sowohl bei den Begünstigten als auch bei den Ausgeschlossenen das Bewusstsein von der Notwendigkeit dieses Zustandes und damit auch von dem Dasein eines Rechtes entstand. Noch heute kann man in allen Staaten die Erfahrung machen, dass die Interessen der Mächtigen bei Konflikten — gegenwärtig allerdings meistens auf dem Wege der Gesetzgebung — sich in Rechte verwandeln.

Da die Grundlagen unseres Rechtssystems auf Gewohnheitsrecht beruhen und dieses sich im wesentlichen als das Resultat eines erfolgreichen Interessenkampfes der Mächtigen gegen die Schwachen darstellt, so ist von vornherein nicht anders zu erwarten, als dass die so entstandene Rechtsordnung den unteren Volksklassen sehr nachteilig sein musste. Als dann die staatliche Gesetzgebung ihre Thätigkeit in immer steigendem Umfang zu entwickeln begann, begnügte sie sich damit, den überlieferten Rechtszustand mit vergleichsweise geringen Abweichungen zu sanktionieren. Und so kann man denn mit gutem Grunde behaupten, dass unser heutiges Rechtssystem ein erster Versuch zur Ordnung der menschlichen Lebensverhältnisse ist, ein Versuch, dessen leitende Gedanken ihr Dasein einem gewaltigen Interessenkampfe verdanken, und der deshalb von einer gerechten Ausgleichung aller Bedürfnisse und Ansprüche in der bürgerlichen Gesellschaft sehr weit entfernt ist.

Dieses Rechtssystem wird nun seit der Mitte des vorigen Jahrhunderts von einer weltgeschichtlichen Bewegung bekämpft. Ursprünglich war diese Bewegung gegen die bestehenden politischen Zustände, vor allem gegen die absolute Macht der Fürsten gerichtet, weil hier die Ausnützung der Regierungsgewalt zu Gunsten enger Kreise besonders in die Augen fiel, vor allem aber auch deshalb, weil die besitzenden Klassen nach einem Anteil an der Gesetzgebung und Verwaltung des Staates strebten. In der That haben diese Bestrebungen auch den Erfolg gehabt, dass fast überall die weitesten Volkskreise einen Anteil an der Leitung des Staates in immer steigendem Masse erhielten. Von dieser volkstümlichen Umgestaltung der öffentlichen Zustände blieb dagegen das Privatrecht fast vollständig unberührt, wie denn überhaupt die Gesetzgebung und die Wissenschaft des bürgerlichen Rechts zu den am meisten zurückgebliebenen Gebieten unseres geistigen Lebens gehört. Zwar drang die sozialistische Bewegung, die ja im wesentlichen auf eine Abänderung unserer privatrechtlichen Zustände gerichtet ist, seit dem Beginn der dreissiger Jahre in die Volksmassen ein und hat bei diesen allmählich die früheren radikalpolitischen Bestrebungen fast vollständig verdrängt; aber die Schaffung eines Privatrechts, welches die Genüsse unter den Mitgliedern der bürgerlichen Gesellschaft gerechter verteilt oder das auch nur so viel volkstümliche Elemente in sich schliesst, wie unser heutiges Staatsrecht, ist eine Aufgabe, deren Lösung der Zukunft gehört.

IV.

Die Theorien über die Entstehung von Recht und Staat sind bisher vorherrschend zur Rechtfertigung bestimmter Staatsformen, vor allem der erblichen Monarchie aufgestellt worden, während das Privatrecht, welches selbst noch in der grossen französischen Revolution nur wenig angefochten wurde, einer solchen Unterstützung weniger bedürftig erschien. Die Staatsgewalt kann aber in jedem Zustand der bürgerlichen Gesellschaft nur von einem verhältnismässig engen Kreise von Personen ausgeübt werden, und deren Einrichtung ist, sofern nur den Volksinteressen gemäss regiert wird, für die grossen Volksmassen von geringerer Bedeutung. Deshalb konnten über die letzten Gründe von Staat und Recht Ansichten ausgesprochen werden, die auf das Privatrecht, durch welches die wichtigsten Lebensinteressen selbst der untersten Volksklassen geordnet werden, schlechterdings keine Anwendung gestatten, obgleich eine solche Uebertragung häufig genug versucht worden ist.

So behauptet die historische Schule, dass Staat und Recht gleich andern Naturorganismen entstehen, wachsen und untergehen und dass sie deshalb kein Produkt menschlicher Willkür sind, sondern Dasein und Beschaffenheit dem Wirken des unsichtbaren Volksgeistes verdanken. Dagegen erblickt die naturrechtliche Schule in Staat und Recht das Ergebnis menschlicher Reflexion, indem beide durch ausdrücklichen oder stillschweigenden Vertrag der Staatsgenossen begründet werden. Da die Staatsformen für die Interessen der grossen Massen ohne unmittelbare Bedeutung sind, konnte man immerhin annehmen, dass der Staat oder eine bestimmte Staatsform sich aus dem Geiste des gesamten Volkes organisch entwickelt hat, ja man konnte sogar ohne übermässige Absurdität die Behauptung wagen, dass das gesamte Volk sich durch den Staatsvertrag der unumschränkten Gewalt eines absoluten Herrschers für alle Zeit unterworfen hat.

Der Irrtum, welcher diesen Theorien zu Grunde liegt, wird aber sofort offenbar und unerträglich, wenn man dieselben auf das Privatrecht anwenden will. Denn wer wird mit einigem Scheine behaupten können, dass eine bestimmte Privatrechtsordnung aus dem Geiste der gesamten Nation entsprungen ist, wenn durch dieselbe vier Fünfteile oder neun Zehnteile aller Staatsgenossen von den meisten Genüssen und Vorteilen für ihr ganzes Leben ausgeschlossen werden? Und ebenso widersinnig ist die Annahme, dass die ungeheure Mehrheit eines Volkes zu jener Zurücksetzung durch ausdrücklichen oder stillschweigenden Vertrag ihre Zustimmung gegeben hat.

Was ich also hier im Gegensatze zu den bisherigen Anschauungen vertrete, ist im wesentlichen dieses: dass die modernen Privatrechtssysteme sich überall nicht als Produkt des ganzen Volkes, sondern nur der begünstigten Volkskreise darstellen und von diesen den besitzlosen Volksklassen durch einen Jahrtausende alten Kampf auferlegt worden sind. Dieser Kampf hat deshalb nicht weniger Dasein und Bedeutung, weil er sich zum Teil in unzählige Einzelkämpfe auflöst, die sich der Beobachtung des Forschers entziehen.

Indem ich auf diese Weise die Anwendung jener Theorien über den letzten Grund von Recht und Staat auf das Privatrecht ablehne, soll die Bedeutung dieser Versuche nicht völlig geleugnet werden. Vielmehr hat die historische und naturrechtliche Schule nur darin gefehlt, dass sie das, was ein fernes Ideal ist und ein beständiges Ziel unseres Strebens bleiben muss, schon als lebende Wirklichkeit aufgefasst hat. Denn wenn auch heute noch die Annahme unmöglich ist, dass unsere Privatrechtssysteme sich organisch aus dem Geiste der gesamten Nation entwickelt, oder dass diese zu dem bestehenden Rechtszustand ausdrücklich oder stillschweigend ihre Zustimmung gegeben hat, so müssen wir doch allerdings nach einer Rechtsordnung streben, die alle Volksklassen als ihr geistiges Produkt anerkennen und der sie bei vernünftiger Ueberlegung ihre freudige Zustimmung erteilen würden.

V.

Als Thibaut nach der Besiegung Napoleons I. die Abfassung eines bürgerlichen Gesetzbuches für ganz Deutschland verlangte, vertrat Savigny in seiner bekannten Schrift die Ansicht, dass unsere Zeit zur Hervorbringung umfassender Zivilgesetzbücher völlig ungeeignet sei. Später, mit der Entwickelung der historischen Rechtsschule, änderte sich diese Auffassung und heute ist die Meinung weit verbreitet, dass die Gegenwart eben infolge des Wirkens jener Schule zur Gesetzgebungsarbeit im grossen Style besonders befähigt sei. Ich habe diese Ansicht immer für einen Irrtum gehalten. Gerade deshalb, weil die historische Rechtsschule in Deutschland so lange Zeit geherrscht hat und fast alle deutschen Juristen unter ihrem Einfluss ausgebildet worden sind, ist wohl keine Epoche zur

Verfassung eines bürgerlichen Gesetzbuchs weniger berufen gewesen als unsere Zeit.

Die drei grossen Gesetzeswerke der Neuzeit: das preussische Landrecht, das französische und österreichische Gesetzbuch erschienen am Ende einer Epoche, welche man mit Recht als die Aufklärungszeit bezeichnet. Denn niemals fühlte sich die Menschheit durch den Schutt der Ueberlieferung so wenig gehemmt, niemals auch waren die höheren Stände und ihre geistigen Führer den unteren Volksklassen so günstig gestimmt, als in dem Jahrhundert der Aufklärung. Von diesem Geist einer hochherzigen, den Wahn des Augenblicks verachtenden Humanität liessen sich nun die Verfasser jener Gesetzbücher durchdringen und brachten auf diese Weise Gesetzeswerke zustande, welche (was namentlich von dem preussischen und dem österreichischen Gesetzbuch gilt) der sozialen Entwickelung ihres Volkes beträchtlich vorauseilten. Dies ist auch der Aufgabe des Gesetzgebers vollkommen entsprechend und nur durch eine solche Anticipation vermag er seinem Werke für lange Zeit Leben und Bedeutung zu bewahren. Denn nirgends mehr als auf dem Gebiete der Gesetzgebung gilt der Satz, dass dasjenige, was heute als ein utopisches Bestreben betrachtet wird, nach einem Menschenalter als Gemeinplatz, nach einem Jahrhundert als veraltetes Vorurteil erscheint. Und weil jene Männer die Entwickelung ihres Volkes zu einem höheren Dasein so weit gefördert haben, als ihnen in ihrem beengten Wirkungskreise möglich war, so können sie mit gutem Grunde den Anspruch erheben, zu den Erziehern ihrer Nation, ja in gewissem Sinne der Menschheit gezählt zu werden.

Ein solcher Erfolg wird Juristen, welche unter dem Banne der geschichtlichen Auffassung stehen, schwerlich jemals zu Teil werden. Das Hauptverdienst der historischen Schule besteht in der Erforschung der Vergangenheit, indem sie zuerst die geschichtlichen Thatbestände genau festzustellen und im Lichte des betreffenden Zeitalters darzulegen versucht hat, während die Litteratur der Aufklärungszeit von dem Fehler nicht freigesprochen werden kann, dass sie die vergangenen Zeiten und Zustände lediglich vom Standpunkte der Anschauungen und Interessen der Gegenwart zu beurteilen verstand. Zwar hat diese letztere Auffassungsweise neben der eigentlich geschichtlichen Betrachtung gleichfalls ihre volle Berechtigung; auch will ich hier nicht untersuchen, ob die Durchforschung von Urkunden, Akten und anderem Trümmerwerk, welches der Strom der Geschichte auf seiner Bahn zurückgelassen hat, für die Feststellung der geschichtlichen Wahrheit wirklich jene Bedeutung hat, die ihr von den historischen Schulen der verschiedenen Wissensgebiete zugeschrieben wird. Denn die unsterblichen Verdienste der historischen Schule um die Erforschung der Vergangenheit können dessenungeachtet gerechterweise nicht bestritten werden.

Dagegen hat die historische Rechtsschule auf die Fortentwickelung von Staat und Recht den verderblichsten Einfluss ausgeübt. Der Gedankenschatz dieser Schule stammt vorzüglich von Blackstone und Burke, deren Ideen Savigny, Puchta, Stahl und andere Vertreter der geschichtlichen Richtung in Deutschland mehr in die Breite als in die Tiefe ausgearbeitet haben. Schon bei Burke ist aber mit der geschichtlichen Auffassung von Recht und Staat die Tendenz verbunden, jede tiefer gehende Abänderung des geltenden Rechtszustandes, auch wenn sie durch die Veränderung der Machtverhältnisse innerhalb der Gesellschaft unbedingt geboten ist, als eine Thorheit oder gar als ein Verbrechen hinzustellen, und die Nachfolger Burke's in Deutschland haben diese Richtung nur allzu eifrig festgehalten. Wer eben von der organischen Auffassung von Recht und Staat durchdrungen ist, wird nur allzu leicht und allzu gerne vergessen, dass Orkane und Erdbeben ebenso zum regelmässigen Naturlauf gehören wie das stille Wachstum des Tiers oder der Pflanze.

Dieser Vorwurf eines ungeschichtlichen Konservatismus, welcher überlebte Rechtszustände auch dann noch festzuhalten sucht, wenn ihre Grundlagen in den gesellschaftlichen Machtverhältnissen bereits verschwunden sind, trifft namentlich auch die Vertreter der Wissenschaft des Zivilrechts, auf welches die geschichtlichen Methoden in Deutschland zuerst angewendet wurden, und das auch später ihr wichtigstes Anwendungsgebiet geblieben ist. In das Studium entfernter Zeiten und Zustände versenkt, an den überlieferten Rechtsideen mit einer Starrheit festhaltend, die an die borniertesten Orthodoxien erinnert, bemerkten sie nicht die Welt von Veränderungen, welche seit dem Anfang dieses Jahrhunderts in Deutschland wie in anderen Ländern eingetreten sind: die fortwährende Schärfung des Gegensatzes zwischen Reich und Arm, das Zusammenschliessen der besitzlosen Volksklassen in den einzelnen Ländern und Weltteilen und ihr Anwachsen zu einer weltgeschichtlichen Macht. Nur so ist es zu erklären, dass die ausgezeichneten Männer, welche mit der Verfassung des deutschen bürgerlichen Gesetzbuches betraut waren, einen Entwurf zustande brachten, der gegen das preussische und österreichische Gesetzbuch einen entschiedenen Rückschritt bedeutet, obgleich diese letzteren Gesetzeswerke für eine Bevölkerung bestimmt waren, deren Väter und Grossväter noch zum grossen Teile Leibeigene gewesen waren.

VI.

Versifizierte Prosa ist keine Poesie, und ein in Paragraphen gebrachtes Kompendium des Zivilrechts ist noch kein bürgerliches Gesetzbuch. Die Aufgabe des Kompendienverfassers und des Gesetzgebers ist eben wesentlich verschieden. Von dem ersteren erwartet man, dass er den überlieferten Rechtsstoff und dessen geschichtliche Grundlagen mit möglichster Treue und Vollständigkeit wiedergibt, ohne an demselben eine umfassende Kritik zu üben. Auch die in jeder entwickelten Rechtswissenschaft bestehenden Kontroversen über den Sinn der einzelnen Rechtsregeln, wie wertlos und lächerlich dieselben auch zum grössten Teil sein mögen, müssen in einem Kompendium beachtet werden. Der Kompendienverfasser hat eben nicht einen neuen Rechtszustand frei zu schaffen, sondern nur den bestehenden mit vollständiger Treue wiederzugeben.

Ganz verschieden ist die Aufgabe, welche sich der Gesetzgeber zu stellen hat. Er muss sich, wenn er anders diesen Namen verdienen will, als Erzieher seiner Nation fühlen und sich über den Wust des seit Jahrtausenden angesammelten Rechtsstoffes zu erheben wissen. Zwar geht er, seiner konservativen Aufgabe entsprechend, von dem bestehenden Rechtszustand aus, aber er prüft bei jedem wichtigeren Rechtssatz oder Rechtsinstitut, ob dieselben noch den vorhandenen Machtverhältnissen innerhalb der Gesellschaft entsprechen. Ergibt die Prüfung, dass dies nicht mehr der Fall ist, so nimmt er die erforderlichen Abänderungen vor, ohne zu fragen, ob er damit nach oben oder nach unten Anstoss erregt. Ja, er kann bei einer im Werden begriffenen Aenderung der sozialen Machtverhältnisse sogar die Zukunft vorwegnehmen und er wird diese vorahnende Thätigkeit, welche das höchste, aber auch schwierigste Problem der Gesetzgebung ist, um so energischer ausüben, je rascher die gesellschaftliche Entwickelung eines Zeitalters fortschreitet. Mit einem Wort: das Auge des wahren Gesetzgebers ist nicht auf die Vergangenheit, sondern unverwandt auf die Zukunft gerichtet.

Niemals hat es einen Zeitpunkt gegeben, der für eine solche schöpferische Thätigkeit günstiger war als der gegenwärtige Augenblick. Seit Jahrtausenden hatten ausschliesslich die Herrschenden und Besitzenden das Privatrecht in ihrem Interesse ausgebildet und die besitzlosen Volksklassen hatten aus Furcht und Unwissenheit niemals ihre Rechte geltend gemacht. Der deutsche Entwurf eines bürgerlichen Gesetzbuches ist nun das erste umfassende Gesetzeswerk, welches zu einer Zeit abgefasst wurde, wo die besitzlosen Volksklassen sich in Deutschland wie in andern Ländern zu einer gewaltigen Macht emporgeschwungen haben und wo diese Veränderung der Machtverhältnisse von der deutschen Reichsgesetzgebung selbst durch eine umfassende Sozialreform anerkannt worden ist. Jetzt war daher auch der Zeitpunkt gekommen, die bürgerlichen Gesetze — sei es auch unter Festhaltung aller wesentlichen Konsequenzen des Privateigentums — im Interesse der Armen zu revidieren und dadurch den übrigen Völkern der Welt ein nachahmungswürdiges Beispiel zu geben.

Wie aber haben die Verfasser des Entwurfes ihre grosse Aufgabe wirklich gelöst? Vor allem waren die Redakteure darauf bedacht — allerdings im Sinne der sogenannten Vorkommission — die überaus zahlreichen und aus den verschiedensten Zeitaltern stammenden Partikulargesetze über das bürgerliche Recht in allen deutschen Bundesstaaten zu sammeln und dann dieses massenhafte Material — ein wahres onus multorum camelorum — »zu sichten, Veraltetes auszuscheiden, »das Lebens- und Entwickelungsfähige herauszusuchen »und zu neuem Leben und weiterer Entwickelung zu »verbinden und zu einem organischen Ganzen zu ver»arbeiten«. Dass das Resultat dieser sammelnden und sichtenden Thätigkeit nur ein in Paragraphen gebrachtes Kompendium des geltenden Rechtes mit Ausscheidung des offenbar Veralteten ist und dass der Entwurf ebensowohl im Jahr 1788 als ein Jahrhundert später hätte erscheinen können, wird bei der gewählten Arbeitsmethode niemand befremden. Ja man kann sich versichert halten, dass die Redakteure, hätten sie die Sklaverei und die Leibeigenschaft in Deutschland als geltendes Recht angetroffen, diese ehrwürdigen Rechtsinstitute in ihrem Entwurf sorgfältig konserviert haben würden.

Sowie dem Inhalt des Entwurfs jede Originalität fehlt, so ist er auch in der Form vollständig vergriffen. Kein Teil der Gesetzgebung bedarf so sehr einer volkstümlichen, allgemein verständlichen Ausdrucksweise als das bürgerliche Recht; denn die übrigen Gesetze: die Verfassungs-, Verwaltungs-, Zivilprozess- und Strafgesetze werden nur von bestimmten Volkskreisen oder in besonderen Fällen, dieses wird dagegen täglich und von allen Staatsbürgern angewendet. Nun besitzen wir aber eine juristische Litteratur von ungeheurer Ausdehnung, in welcher die Differenzierung der Rechtsbegriffe und überhaupt die Zerfaserung des Rechtstoffes so weit getrieben ist, dass man die deutsche Rechtswissenschaft treffend mit einem Messer verglichen hat, welches so dünn und scharf geschliffen ist, dass es nicht mehr schneidet. Die Verfasser des Entwurfes, welchen ohnedies kein besonderes Formtalent nachzurühmen ist, stehen nun ganz unter dem Einfluss dieser juristischen Scholastik und haben demgemäss ein Werk geliefert, dessen abstrakte und unpopuläre Ausdrucksweise kaum überboten werden kann. Rechnet man noch dazu, dass fast in jedem Abschnitt zahlreiche Verweisungen auf die in andern Hauptstücken vorgetragenen Rechtsregeln vorkommen, so dass man die Normen über ein bestimmtes Rechtsinstitut häufig in dem ganzen Gesetzbuch zusammensuchen muss, so kann man mit gutem Grunde behaupten, dass die grossen Volksmassen, wenn der Entwurf Gesetz wird, in Beziehung auf die Rechtsanwendung ganz der Diskretion der Fachjuristen überliefert sein werden.

VII.

Der ungeheure Unterschied, welcher in der Rechtsverfolgung zwischen den Besitzenden und den besitzlosen Volksklassen besteht, ist von den Juristen bisher nur wenig beachtet worden. Der Grund dieser Erscheinung liegt ohne Zweifel darin, dass die Juristen aller Länder infolge ihres Bildungsganges und ihrer Interessen geneigt sind, sich ausschliesslich als Diener und Vertreter der Besitzenden zu betrachten. Wie gross und wie rühmlich ist der Anteil, welchen Aerzte und Volkswirtschaftslehrer an der Feststellung und Beseitigung des menschlichen Elends genommen haben! Unter den theoretischen Juristen wüsste ich nur wenige zu nennen, welche eine ähnliche Richtung verfolgt haben. In ihrer überwiegenden Mehrheit gingen sie im Trosse der Reichen und Mächtigen einher und vertraten die wirklichen Interessen der Besitzenden und Herrschenden mit demselben Eifer, wie ihre Thorheit und ihren Uebermut. Der soziale Gegensatz, der die Bürger der Kulturstaaten immer mehr in zwei Lager scheidet, die sich mit steigender Feindseligkeit gegenüberstehen, ist zu einem beträchtlichen Teile auf diese Einseitigkeit des Juristenstandes zurückzuführen.

Man hat schon oft darauf hingewiesen, dass das Einkommen des Armen nicht nur geringer ist, sondern dass es auch in seinen Händen einen relativ geringern Wert besitzt, da er für seine dürftige Wohnung, Nahrung und Kleidung vergleichsweise viel mehr als der Reiche bezahlen muss. Dagegen ist noch niemals beachtet worden, dass der enge Kreis von Rechten, welche die Rechtsordnung dem Armen zuweist, eine viel geringere Bedeutung hat, als wenn dieselben Befugnisse einem Reichen zustehen würden.

Ebenso haben zahlreiche Aerzte und Sozialschriftsteller den Nachweis geführt, dass die geringe Lebensdauer der besitzlosen Volksklassen zum grössten Teil daher rührt, dass sie den Krankheiten nicht rechtzeitig durch zweckmässige Vorkehrungen vorbeugen können und der Staat ihnen nur im Falle einer wirklichen Erkrankung Hilfe leistet. Auf dem Gebiete des Rechtslebens verhält sich dies nicht anders. Auch die Rechte und Rechtsverhältnisse bedürfen, wenn ich mich so ausdrücken darf, einer sorgfältigen Pflege, um Dasein und Geltung zu behaupten. In der That wird jeder einsichtige Richter bestätigen können, dass die Rechtsverhältnisse der Armen sich bei ihrer Geltendmachung vor Gericht nur allzuhäufig in jener vernachlässigten und hoffnungslosen Gestalt präsentieren, wie die Körper der Proletarier bei der Aufnahme in die öffentlichen Heilanstalten.

Diese Zurücksetzung der ohnedies schon Zurückgesetzten auf dem Gebiete der Rechtsverfolgung hängt zum Teil mit dem Privateigentum und den dadurch bedingten Unterschieden des Bildungsgrades von Reich und Arm zusammen. Aber es gibt der Rechtsregeln und der Rechtsinstitute genug, welche das gleiche Ziel verfolgen, ohne durch die Konsequenz des Privateigentums gefordert zu sein. Meistens wird diese Benachteiligung der besitzlosen Volksklassen dadurch bewirkt, dass die Gesetzgebung von ihrem formalistischen Standpunkt aus für Reich und Arm dieselben Rechtsregeln aufstellt, während die völlig verschiedene soziale Lage beider auch eine verschiedene Behandlung erheischt. Es wäre leicht, aus jedem Hauptstück des Entwurfes und der geltenden Zivilgesetzbücher zahlreiche Einzelbestimmungen hervorzuheben, an welchen diese einseitige Tendenz sichtbar ist; hier kann ich nur jene Punkte berühren, welche eine grössere Wichtigkeit besitzen und sich nicht durch ihren juristisch-technischen Charakter dem allgemeinen Verständnis entziehen.

VIII.

Die meisten neueren Zivilgesetzbücher stellen ganz allgemein den Satz auf, dass sich niemand mit Unkenntnis eines gehörig kundgemachten Gesetzes entschuldigen könne. Der Entwurf und die Motive [1]) geben zwar zu, dass die Rechtsunkenntnis und der Rechtsirrtum entschuldbar sein können, wenn sie nicht auf Fahrlässigkeit beruhen. Allein aus den Motiven ist klar ersichtlich, dass die Verfasser des Entwurfes sich die Fälle, wo Irrtum und Unkenntnis auf dem Gebiete des Rechtes entschuldigt werden können, als eine seltene Ausnahme gedacht haben.

In Wirklichkeit handelt es sich bei dem Rechtsirrtum und der ihm gleichstehenden Rechtsunkenntnis nicht um einen Ausnahmsfall, sondern um die weit überwiegende Regel. Schon zur Zeit der römischen Juristen, welche zuerst die Rechtsregel aufstellten, dass die Rechtsunkenntnis jedem schaden müsse, war mit Rücksicht auf den grossen Umfang des Rechtsstoffes die Gerechtigkeit dieser Bestimmung mindestens zweifelhaft. Heute, wo die Gesetze jedes Kulturstaates ganze Bibliotheken füllen und wo kaum jemand gefunden wird, der das ganze Rechtssystem seines Landes auch nur oberflächlich kennt, ist die Voraussetzung, dass jeder Staatsbürger alle Gesetze kennt, die lächerlichste aller Fiktionen und die Rechtsnachteile, welche der Gesetzgeber an die Unkenntnis knüpft, sind das

---

1) § 146 d. Entwurfs u. d. Motive Bd. I. S. 281.

offenbarste Unrecht. Und zwar ein Unrecht, von welchem, wie leicht zu erweisen ist, vorzüglich die unteren Volksklassen getroffen werden.

Unter den besitzenden Volksklassen ist die Rechtskenntnis schon von vornherein viel weiter verbreitet als unter den Armen, teils wegen ihrer höheren geistigen Ausbildung, teils auch deshalb, weil ihnen der Besitz an und für sich ein höheres Interesse an dem Rechtsleben einflösst. Fehlt ihnen aber die Rechtskenntnis in einzelnen Fällen, so haben sie in ihrem Vermögen das Mittel, den Rat der Rechtsverständigen rechtzeitig einzuholen und ihr Handeln darnach einzurichten. Daher kommt es, dass bei Interessenkonflikten zwischen Reichen und Armen die Rechtsfrage meistens schon zum Voraus zu Gunsten der ersteren entschieden ist, ohne dass man deshalb gegen die Gerichte den Vorwurf der Ungerechtigkeit erheben kann.

Die Armen dagegen besitzen nur eine dürftige Rechtskenntnis und sie können die Lücken und Mängel derselben auch regelmässig nicht durch die Anfrage bei Kundigen ersetzen. Ihr Handeln wird deshalb fast ausschliesslich von einem dunkeln und nur zu oft trügerischen Rechtsgefühl geleitet und ihr ganzes Rechtsleben ist in Wirklichkeit dem Zufall preisgegeben. Wenn dann der Richter im Rechtsstreit das Gesetz gleichwohl anwendet, ja im Widerspruch mit dem Augenschein annimmt, dass es dem Armen bekannt gewesen sei, so ist dieser nur allzu geneigt, den Richter der Ungerechtigkeit zu zeihen.

Diese juristische Inferiorität ist nicht so wichtig, aber vielleicht ebenso drückend wie die ökonomische Abhängigkeit der besitzlosen Volksklassen, schon deshalb, weil sie so leicht beseitigt werden könnte. Denn wenn der Staat die Kenntnis seiner Gesetzgebung bei jedem Staatsbürger voraussetzt oder, was praktisch auf das Nämliche hinausläuft, die Unkenntnis regelmässig als Fahrlässigkeit behandelt, so muss er den besitzlosen Volksklassen, bei welchen jene Voraussetzung so gut wie niemals zutrifft, die Möglichkeit eröffnen, sich die Gesetzeskenntnis auf eine leichte und sichere Weise zu verschaffen. Eine ins Einzelne gehende Darstellung der Mittel, welche diesem Zweck zu dienen hätten, ist hier nicht am Ort; wohl aber sollen später (s. unten XII) die entscheidenden Gesichtspunkte im Zusammenhang erörtert werden.

IX.

Das heute auf dem europäischen Kontinent geltende Privatrecht kann als ein Kompromiss betrachtet werden, welches unter dem Einfluss der französischen Revolution und der nachfolgenden Bewegungen zwischen dem Grossbesitz und dem Kleinbesitz abgeschlossen und den besitzlosen Volksklassen im Wege der Gesetzgebung auferlegt worden ist. Dieses Kompromiss entspricht nicht mehr vollständig den Machtverhältnissen, die sich seit einem Menschenalter ausgebildet haben, namentlich auch nicht der gesteigerten sozialen Macht der besitzlosen Volksklassen; desto mehr aber können diese verlangen, dass das Kompromiss nicht zu ihren Ungunsten über seinen wahren Inhalt ausgedehnt werde. Da die Feststellung des Privatrechts auf dem Kontinent fast überall in der Form des Gesetzes erfolgt ist, so kann man diesen Gedanken auch so ausdrücken: Es ist ein gerechter Anspruch derjenigen, welche durch das geltende Privatrecht in ihren wichtigsten Lebensinteressen zurückgesetzt werden, dass die Normen des bürgerlichen Rechtes nicht über den erkennbaren Willen des Gesetzgebers hinaus angewendet werden. Ein gesetzgeberischer Wille ist aber selbstverständlich auch dann vorhanden, wenn der Gesetzgeber einen zu engen Ausdruck gewählt hat und seine Vorschrift durch ausdehnende Auslegung auch auf jene Fälle angewendet wird, welche zu normieren seine Absicht gewesen ist.

Auf den Gebieten, wo der Gegensatz zwischen den besitzenden und den besitzlosen Volksklassen weniger schroff hervortritt, namentlich im Straf- und Verwaltungsrecht, sehen wir diesen Gedanken in weitem Umfange verwirklicht. So schliessen die Strafgesetzbücher die Anwendung der Analogie wenigstens in Ansehung der zwei wichtigsten Fragen aus, nämlich ob eine Handlung ein Delikt und welche Strafe deshalb zu verhängen sei (§ 2 des Reichsstrafges.). Auch auf dem Gebiete des Verwaltungsrechts hat die Analogie nur ein geringes Anwendungsgebiet, indem gewöhnlich in jenen Fällen, wo eine bestimmte Verwaltungsvorschrift mangelt, die Entscheidung nach Zweckmässigkeitsgründen eintritt.

Dagegen gehen die Zivilgesetzgebungen seit der Zeit der römischen Juristen bis auf die Gegenwart von einer Fiktion aus, die nicht minder absurd ist, als jene Voraussetzung einer allgemeinen Kenntnis der Gesetze (VIII), nämlich dass das geltende Zivilrecht lückenlos sei und dass Recht und Lebensinhalt sich vollständig decken. Der Zivilrichter darf deshalb einen Rechtsfall, für welchen sich in den geltenden Gesetzen keine Bestimmung findet, nicht nach Zweckmässigkeitsgründen entscheiden, sondern er muss die für ähnliche Fälle vorhandenen Rechtsregeln anwenden (Analogie). Auch der deutsche Entwurf steht vollständig auf diesem Standpunkt, indem er bestimmt (§ 1), dass auf Verhältnisse, für welche das Gesetz keine Vorschrift enthält, die für rechtsähnliche Verhältnisse gegebenen Vorschriften entsprechende Anwendung finden, ferner dass in Ermangelung solcher Vorschriften die aus dem Geiste der Rechtsordnung sich ergebenden Grundsätze massgebend sind.

Aeltere und neuere Gesetzgeber haben die analoge Rechtsanwendung durch die Wissenschaft und Praxis von dem Gesichtspunkte aus verboten, weil dieselbe ein Eingriff in die gesetzgebende Gewalt sei. Diese kleinliche Auffassung ist mir völlig fremd, vielmehr bin ich der Ueberzeugung, dass kein Werk menschlicher Hände so sehr der Nachhilfe bedarf als die Gesetzgebung, bei welcher Einsicht und Absicht so oft zweifelhafter Natur sind. Wenn ich gleichwohl dafür eintrete, dass die analoge Rechtsanwendung auch auf dem Gebiete des bürgerlichen Rechts durch die Entscheidung nach Zweckmässigkeitsgründen zu ersetzen ist, so geschieht dies aus dem Grunde, weil nur auf diesem Wege eine Reform des Zivilrechts von innen heraus bewerkstelligt werden kann.

Es ist natürlich, dass das bürgerliche Recht, welches seit Jahrtausenden bloss von den besitzenden Volksklassen ausgebildet worden ist, auch vollständig im Dienste ihrer Interessen steht. Wenn also ein Gesetzbuch die analoge Rechtsanwendung in dem weiten Umfange vorschreibt wie der deutsche Entwurf, so muss das zur notwendigen Folge haben, dass ein grosser Teil aller Rechtsstreite zwischen den Besitzenden und Besitzlosen, für welche sich eine ausdrückliche gesetzliche Bestimmung nicht vorfindet, zum Nachteil der letzteren entschieden wird. Könnte der Zivilrichter in solchen Fällen nach Zweckmässigkeitsgründen entscheiden, so wäre er dadurch in die Lage versetzt, die Einseitigkeit des Zivilrechts in zahllosen Rechtsstreitigkeiten zu mildern und dadurch einer allmählichen Umbildung desselben im Interesse der besitzlosen Volksklassen vorzuarbeiten. Freilich die gegenwärtige Juristengeneration, welche fast ausnahmslos in der grausamen Schule des römischen Rechts aufgezogen ist, wüsste von der ihr zugestandenen freien Stellung kaum den richtigen Gebrauch zu machen; ihr würden nach wie vor die überlieferten Formeln vorschweben und sie würde so auf einem Umweg den heutigen Rechtszustand festzuhalten suchen. Aber schon die Juristen des nächsten Menschenalters — dies lässt sich mit Sicherheit voraussetzen — werden von sozialen Ideen erfüllt sein und die Fähigkeit besitzen, an der Reform des bürgerlichen Rechtes mitzuwirken.

Für die Gesetzgebung der Gegenwart ergibt sich aus dieser Sachlage ausserdem auch der wichtige Grundsatz, dass sie jene Rechtsgebiete, auf welchen sich die Interessen der besitzenden und der besitzlosen Volksklassen feindlich gegenüberstehen, so wenig als möglich der analogen Rechtsanwendung preisgeben darf. Nirgends ist eine ins Einzelne gehende Gesetzgebung von zwingendem Charakter so unerlässlich, als bei den Rechtsinstituten, durch welche vorzüglich der Interessengegensatz zwischen Reich und Arm geordnet werden soll. Dass der Entwurf eines deutschen bürgerlichen Gesetzbuchs gerade umgekehrt in solchen Fällen nur die dürftigsten Bestimmungen trifft und dadurch fast alles der analogen Rechtsanwendung überlässt, wird sich im weiteren Verlaufe dieser Darstellung (XIX) ergeben.

X.

Die beiden grossen Fiktionen der Zivilgesetzbücher, dass das bürgerliche Recht vollständig sei und dass es jedem Staatsbürger vollständig bekannt ist — diese Fiktionen haben zweifellos den Erfolg, die unteren Volksklassen in Bezug auf die Rechtsverfolgung ungünstig zu stellen, wenngleich vielen, welche heute diese Sätze aufstellen und anwenden, jene ursprüngliche Tendenz nicht bewusst sein mag. Weniger sichtbar ist diese Konsequenz bei einem dritten Moment, welches den unteren Volksklassen die Geltendmachung ihrer Rechte kaum weniger erschwert und das deshalb noch erwähnt werden soll.

Die Entstehung und der Untergang der Rechte und Verbindlichkeiten ist auf allen Rechtsgebieten vorzüglich an bestimmte menschliche Handlungen geknüpft. Jede Handlung, welche rechtliche Bedeutung haben soll, besteht aber einesteils aus einem äusserlich erkennbaren Thatbestand und andererseits aus gewissen diesen begleitenden inneren Zuständen des Willens und der Vorstellung, welche sich der sinnlichen Wahrnehmung entziehen. Solche innere Zustände sind z. B. der gute oder der böse Glauben beim Besitz, der böse Vorsatz oder die Fahrlässigkeit bei strafbaren Handlungen. Während nun der Richter in Ansehung des äusseren

Thatbestandes an die ihm vorgelegten Beweismittel gebunden ist, entwickelt er in Betreff jener inneren Zustände eine frei schaffende Thätigkeit; er ist es, welcher durch die Annahme einer bestimmten Richtung des Wollens und des Vorstellens in dem Handelnden der toten Masse der äusseren Handlungen erst den belebenden Geist einhaucht. Die Natur der Sache bringt es nun mit sich, dass die Armen bei dieser Konstruktion der inneren Zustände durch den Richter viel häufiger als die Besitzenden benachteiligt werden.

Besonders augenfällig tritt diese Einseitigkeit auf dem Gebiete der Strafrechtspflege hervor. Bekanntlich erhält eine Handlung erst dadurch eine strafrechtliche Bedeutung, dass ihr eine bestimmte Willensrichtung des Handelnden: böser Vorsatz oder Fahrlässigkeit zu Grunde liegt. Wie leicht wird nun selbst ein gerechter Richter in einen verdächtigen äusseren (sog. objektiven) Thatbestand jene rechtswidrige Willensbestimmung hineinlegen, wenn es sich um einen Armen handelt und wie schwer wird ihm der gleiche Entschluss bei Personen aus den besitzenden Klassen fallen! Bei einzelnen Richtern steigert sich diese Einseitigkeit zu der sogenannten Diebstahlspräsumtion, von welcher der Arme sofort ergriffen wird, wenn ihm das Unglück widerfährt, zu einem Eigentumsverbrechen in eine äussere Beziehung zu treten. Ja, wenn man die Strafrechtspflege nicht bloss nach den dürftigen und abstrakten Umrissen beurteilt, welche Gesetze und theoretische Schriften von ihr bieten, sondern darnach, wie sie in der Wirklichkeit lebt und sich bethätigt, so wird man zugeben müssen, dass durch jene verschiedene Beurteilung der inneren Zustände ähnliche Wirkungen hervorgebracht werden als wenn für die beiden grossen Kreise des Volkes verschiedene Strafrechte in Wirksamkeit wären.

Nicht anders als auf dem Gebiete des Strafrechts verhält es sich mit der bürgerlichen Rechtspflege. Zwar ist hier die richtige Konstruktion des inneren Thatbestandes für Staat und Gesellschaft entfernt nicht von jener entscheidenden Wichtigkeit wie bei der Ausübung der Strafjustiz; aber auch so wird selbst der gerechteste Zivilrichter den besitzlosen Volksklassen in unzähligen Rechtsstreiten Unrecht thun, weil er ihre inneren Zustände nicht richtig aufzufassen oder zu deuten weiss.

Seit der Mitte des vorigen Jahrhunderts, namentlich aber seit der französischen Revolution hat man die besonderen Gerichte des Adels, der Geistlichkeit und der anderen bevorrechteten Stände immer mehr beseitigt, weil man von der richtigen Ansicht ausging, dass selbst ein vollkommen gewissenhafter Richter sich dem Einflusse des Standesgegensatzes nicht zu entziehen vermag. Aber indem man die neuen Gerichte fast ausschliesslich den besitzenden und gebildeten Volksklasen entnahm, schuf man wieder ein Privilegium, das kaum weniger drückend ist als die Vorrechte der feudalen Gesellschaftsordnung und das bei dem steigenden Gegensatz zwischen den Besitzenden und den Besitzlosen täglich schwerer empfunden wird. Die Mittel zur Aufhebung oder Milderung dieses Gegensatzes zu finden und insbesondere für eine zweckmässigere Ausbildung des Juristenstandes zu sorgen, ist eine Aufgabe, deren Lösung der Zukunft angehört.

XI.

Diese letztere Bemerkung führt mich auf einige prozessuale Fragen, welche für die Rechtsverfolgung und Rechtsverteidigung der Armen von grosser Bedeutung sind und deshalb an dieser Stelle erwähnt werden müssen, obgleich sie mit dem Entwurf eines bürgerlichen Gesetzbuches nur in losem Zusammenhange stehen.

Die neuere Zivilprozessgesetzgebung hat im grossen und ganzen die entgegengesetzte Richtung verfolgt wie die wirtschaftliche und die soziale Gesetzgebung der letzten Zeit. Bis vor einem Menschenalter war man überzeugt, dass das freie Spiel der wirtschaftlichen Kräfte die Erzeugung der grössten Gütermengen und dadurch das ökonomische Wohlbefinden Aller herbeiführen werde (Manchesterdoktrin). Indem man nun alle Staatsbürger ohne Rücksicht auf ihre persönlichen Eigenschaften und auf ihre wirtschaftliche Lage völlig gleich behandelte und zwischen ihnen einen zügellosen Wettbewerb zuliess, bewirkte man zwar, dass die Gütererzeugung ins unendliche stieg, zugleich aber auch, dass die Armen und Schwachen an den gesteigerten Gütermengen nur einen sehr geringen Anteil hatten. Daher die neue wirtschaftliche und Sozialgesetzgebung, welche bestrebt ist, den Schwachen gegen den Starken zu schützen und ihm an den Gütern des Lebens wenigstens einen bescheidenen Teil zu sichern. Man weiss eben heute, dass es keine grössere Ungleichheit gibt, als das Ungleiche gleich zu behandeln.

Unsere neuere Zivilprozessgesetzgebung steht noch ganz unter der Herrschaft jener überlebten Weltanschauung, wie wir uns denn überhaupt nicht verhehlen können, dass die Rechtswissenschaft die zurückgebliebenste aller Disziplinen ist und von den Zeitströmungen am spätesten erreicht wird, hierin einer entlegenen Provinzstadt nicht unähnlich, in welcher die abgelegten Moden der Residenz noch als Neuigkeiten getragen werden.

Noch im vorigen Jahrhundert war die Ziviljustiz fast überall ganz oder zum grössten Teile in den Händen des Richters vereinigt und deshalb auch für die Armen erreichbar. Heute wirken an der bürgerlichen Rechtspflege Anwälte, Notare, Gerichtsvollzieher und andere Personen mit, und wer seine Privatrechte gehörig sichern und durchsetzen will, muss diesen komplizierten Mechanismus zu benützen und zu bezahlen im Stande sein. Dass die bürgerliche Rechtspflege durch diese Teilung der Arbeit wesentlich verbessert worden ist, will ich nicht in Abrede stellen; aber es liegt in der Natur der Sache, dass jene verwickelten und kostspieligen Einrichtungen hauptsächlich den besitzenden und gebildeten Bevölkerungsschichten zu Gute kommen und ihnen bei der Sicherung und Durchsetzung ihrer Rechte ein ungeheures Uebergewicht über die besitzlosen Volksklassen verleihen. Mit anderen Worten: auf dem Gebiete der Justiz hat sich ein ähnlicher Prozess vollzogen wie auf dem Gebiete der Volkswirtschaft; wir haben die Zivilrechtspflege so vervollkommnet, dass sie schliesslich der ungeheuren Mehrheit der Nation unerreichbar geworden ist.

Ich weiss sehr wohl, dass jene Hilfspersonen überall durch das Gesetz verpflichtet sind, ihre Dienste den Armen unter Umständen unentgeltlich zu leisten. Aber gerade in diesem Privilegium liegt für die besitzlosen Volksklassen die empfindlichste Zurücksetzung. Denn in einer Gesellschaft, in welcher jede Dienstleistung bezahlt wird, und in der die betreffenden Funktionäre selbst die Befriedigung jedes Bedürfnisses erkaufen müssen, lässt sich vernünftigerweise nichts anderes erwarten, als dass die unentgeltlichen Funktionen schlecht und widerwillig geleistet werden.

Aber noch mehr! Dieser komplizierte Apparat würde auf die Rechtsverfolgung und Rechtsverteidigung der Armen noch weniger nachteilig einwirken, wenn dem Richter nur gestattet wäre, in die Zivilrechtspflege selbstthätig einzugreifen. Allerdings liegt es nun in der Natur der Sache, dass der Richter niemanden zur Geltendmachung seiner Privatrechte zwingen kann, weil diese nach der Grundauffassung des heutigen bürgerlichen Rechtes eine Privatangelegenheit der Beteiligten sind. Hat aber der Berechtigte einmal bei dem Richter Klage erhoben und dadurch die Absicht erklärt, sein Recht geltend zu machen, so sollte man glauben, dass dieser nunmehr alle gesetzlichen Mittel anwenden werde, um dem verletzten Rechte Geltung zu verschaffen. Dies ist jedoch keineswegs der Fall. Vielmehr muss das Gericht nach den Zivilprozessgesetzgebungen aller Kulturstaaten auch nach Beginn des Rechtsstreites zu allen wichtigeren Schritten besonders veranlasst werden, gleich einem verdorbenen Uhrwerk, welches fortwährend gestossen und geschüttelt werden muss, um wieder auf kurze Zeit in Gang zu kommen.

Dieser Rechtszustand ist nun für die besitzenden Volksklassen sehr bequem und vorteilhaft, weil diese, intelligent und gut beraten, jene Initiative rechtzeitig und in zweckmässiger Weise zu ergreifen wissen. Dagegen muss die Rechtsverfolgung der besitzlosen Volksklassen, welche dem komplizierten Prozessmechanismus ratlos gegenüberstehen und schlecht oder gar nicht vertreten sind, durch diese unnatürliche Passivität des Richters auf das Verderblichste beeinflusst werden.

Dass die besitzlosen Volksklassen der Zivilrechtspflege in allen Kulturstaaten misstrauisch gegenüberstehen, kann unter solchen Umständen niemand befremden. Ihnen erscheint unsere Ziviljustiz in der Regel als ein System von juristischen Kniffen, in welche der einfache Sinn des Ungebildeten niemals einzudringen vermag. Kommt dann, wie in unserer Zeit, das Bewusstsein des Klassengegensatzes hinzu, so wird es nur allzu oft geschehen, dass der Arme, welcher ein paar Zivilrechtsstreite bei Gericht durchzuführen hatte, sich in einen bewussten Feind von Staat und Gesellschaft verwandelt.

XII.

Warum stehen in Europa und Amerika viele Millionen von Arbeitern dem überlieferten Staat feindlich gegenüber, sei es, dass sie, wie die Anarchisten, die einfache Vernichtung, oder dass sie, wie die Sozialdemokratie, dessen völlige Umbildung anstreben? Der Hauptgrund dieser Erscheinung liegt ohne Zweifel darin, dass der Staat hinter der geltenden Eigentums- und Wirtschaftsordnung steht, welche die besitzlosen Volksklassen zu beseitigen streben. Aber auch wenn man unsere heutige Wirtschaftsordnung als eine unerschütterliche Thatsache betrachtet, wird man zugeben müssen, dass unsere überlieferte staatliche Organisation mit

Rücksicht auf die besitzlosen Volksklassen einer gründlichen Umbildung unterzogen werden muss. Sieht man von den grossen politischen Bewegungen ab, welche das Proletariat für eine kurze Zeit an die Oberfläche des öffentlichen Bewusstseins zogen, so sind die besitzlosen Volksklassen und ihre Interessen von den Staatsmännern eigentlich erst im letzten Menschenalter entdeckt worden. Daher kommt es, dass die älteren, wohlbestallten Einrichtungen der bürgerlichen Gesellschaft: das Zivil- und Strafrecht, der Zivil- und Strafprozess und die innere Verwaltung durchgreifend vom Standpunkt der Gebildeten und Besitzenden aus konstruiert sind und von den Interessen der besitzlosen Volksklassen, die doch die ungeheure Mehrheit aller Nationen bilden, nur in untergeordneten Punkten Notiz nehmen. Unser auf Machtverhältnissen beruhender militärisch-büreaukratischer Staat macht eben in der Gegenwart die ersten unsicheren Schritte, um sich in einen Arbeits- und Wirtschaftsstaat zu verwandeln.

In der Umbildung dieser alten Institutionen zu Gunsten der besitzlosen Volksklassen könnte nun unendlich Vieles geleistet werden, ohne dass die Grundlagen der geltenden Eigentumsordnung berührt zu werden brauchten. Freilich müssten zu diesem Ende die Gesetzgeber, welche fast ausschliesslich den besitzenden und gebildeten Schichten angehören, den Bann ihrer Vorurteile durchbrechen und sich bei jeder Rechtsregel und bei jedem Rechtsinstitut die Frage vorlegen, wie sich dieselben in ihrer Anwendung auf die besitzlosen Volksklassen gestalten werden. Namentlich würde eine zweckmässige Reform des Zivilrechts und -Prozesses, welche Rechtsgebiete für Reich und Arm von täglicher Anwendung sind, dazu beitragen, die besitzlosen Volksklassen der geltenden Rechtsordnung wieder näher zu bringen.

Vor allem müsste der Zivilrichter verpflichtet werden, jedem Staatsbürger, besonders aber dem Armen, unentgeltlich Belehrung über das geltende Recht zu erteilen und ihm auch sonst bei der Sicherung seiner Privatrechte Hilfe zu leisten. Erst dadurch würde die juristische Inferiorität der besitzlosen Volksklassen, welche so schwer auf ihr ganzes Rechtsleben drückt, einigermassen beseitigt werden. Da der Staat von den Armen und Ungebildeten verlangt, dass sie das Wirrsal seiner Gesetzgebung vollständig kennen, so ist es nur gerecht, dass er denselben ermöglicht, sich diese Kenntnis auf eine ihnen zugängliche Weise zu verschaffen und wenn die analoge Rechtsanwendung beseitigt ist, so würde es dem Richter auch nicht schwer fallen, allen Staatsbürgern das geltende Recht zu weisen.

Dann aber müsste zweitens der Richter, wenn einmal der Kläger die Klage erhoben und der Beklagte den geltend gemachten Anspruch bestritten hat, den Rechtsstreit von Amtswegen durchführen. Wenn man den Besitzenden gestattet, sich in dem Rechtsstreit durch Advokaten vertreten zu lassen, so müsste der Richter die Gleichheit zwischen den Parteien dadurch herstellen, dass er die Vertretung der armen Prozesspartei übernimmt. Ich weiss sehr wohl, dass die Durchführung dieser Grundsätze in der bürgerlichen Rechtspflege manche technischen Schwierigkeiten bietet; aber gegenüber den Gebrechen unseres heutigen Zustandes, wo zu der Ungleichheit der Rechte noch die Ungleichheit der Rechtsverfolgung hinzugefügt wird, können dieselben kaum in Betracht kommen.

Die Durchführung dieser Grundsätze würde natürlich eine Umarbeitung der Gesetze über die Thätigkeit der Gerichte bedingen. In der Uebergangszeit könnten jene richterlichen Funktionen auch Armenadvokaten anvertraut werden, die der Staat in genügender Anzahl bestellen und bezahlen müsste. Andere Rechtssachen als jene der Armen dürften aber solche Advokaten nicht übernehmen.

Die hier dargelegten Grundsätze, namentlich die Durchführung der Zivilprozesse von Amtswegen, sind bekanntlich zum Teil in dem Prozessgesetzbuch Friedrichs des Grossen (1781) und in der Allgemeinen Gerichtsordnung für die Preussischen Staaten (1793) verwirklicht worden und haben in Preussen durch zwei Menschenalter, allerdings mit einzelnen Modifikationen, ihre Geltung behauptet. Später [1]) erlag die allgemeine Gerichtsordnung einer doppelten, bis zu einem gewissen Grade entgegengesetzten Strömung: der historischen Richtung, welche in diesem Gesetz nicht mit Unrecht eine ungeschichtliche Bildung erblickte, dann der Vorliebe für den französischen Prozess mit seinen Grundsätzen der Oeffentlichkeit und Mündlichkeit. Der geistige Hintergrund der Angriffe gegen die Preussische Gerichtsordnung war aber jedenfalls die Erfahrung, dass die wohlhabenden Stände in einem Verfahren, in welchem der Richter den Rechtsstreit von Amtswegen durchzuführen hat, bei der Verfolgung ihrer Rechte entfernt nicht jene Ueberlegenheit besitzen, wie etwa

1) Vgl. die preussischen Getetze vom 1. Juni 1833 und vom 21. Juli 1846.

im französischen Prozess. Damals hatten die besitzlosen Volksklassen keine Stimme; heute würden sie sich das grosse Gesetzeswerk der Aufklärungsepoche nicht ohne Widerstand entreissen lassen.

XIII.

Indem ich nunmehr zu der Besprechung der einzelnen Rechtsinstitute des künftigen deutschen Zivilgesetzbuches übergehe, erscheint es notwendig, über das in demselben befolgte System einige Bemerkungen vorauszuschicken.

In einem bürgerlichen Gesetzbuch, welches lediglich der Natur der Sache folgt, müsste vor allem das Familienrecht dargestellt werden, welches im wesentlichen die Ehe, das Verhältnis zwischen Eltern und Kindern und die Vormundschaft umfasst. Denn hier handelt es sich um Rechtsinstitute, die in Wahrheit zu den Grundlagen der ganzen bürgerlichen Gesellschaft gehören, weil sie nicht die Begründung eines Privilegiums zu Gunsten bestimmter Bevölkerungsgruppen bezwecken, sondern die Beteiligung aller, der Besitzenden wie der Besitzlosen, in gleichem Masse gestatten. Auf das Familienrecht folgen in der natürlichen Ordnung jene Rechtsinstitute, welche den Gegensatz zwischen den Besitzenden und den Besitzlosen begründen und an welchen daher die ungeheure Mehrheit der Nation der Hauptsache nach nur, wenn ich mich so ausdrücken darf, ein passives Interesse hat (Vermögensrecht). In dem Vermögensrecht sind zunächst das Eigentum und die ihm ähnlichen dinglichen Rechte darzustellen (Sachenrecht) und erst dann die Schuldverhältnisse, welche, wenn man von einzelnen Ausnahmen absieht, durchgreifend den Zweck verfolgen, das Eigentum oder einzelne in diesem enthaltene Befugnisse zu erwerben. Den Schluss des Privatrechtssystems bildet naturgemäss das Erbrecht, welches nicht nur für die »Enterbten« der Gesellschaft so gut als gar keine Bedeutung besitzt, sondern an dem auch innerhalb des Kreises der Besitzenden und Gebildeten nur verhältnismässig enge Gruppen teilnehmen.

Von dieser durch soziale Gesichtspunkte bestimmten Reihenfolge weicht das in der deutschen Rechtswissenschaft seit langer Zeit übliche System darin ab, dass es das Vermögensrecht mit seinen beiden Unterabteilungen (Sachen- und Obligationenrecht) dem Familienrecht voranstellt. Diese Eigentümlichkeit, welche in den Gesetzbüchern und der juristischen Litteratur der fremden Nationen mit Recht nur wenig Nachahmung gefunden hat, ist überaus charakteristisch, weil sie durch ein äusserliches Moment sofort erkennen lässt, wie sehr die natürlichen Grundlagen der Gesellschaft durch das Eigentumsinteresse überwuchert werden. Der Gesichtspunkt, von welchem aus diese seltsame Verschiebung gerechtfertigt wird, ist die Erwägung, dass das Familienrecht mit dem Erbrecht in naher Beziehung steht und dass beide das sogenannte successive Privatrecht bilden, d. h. jenen Teil des Privatrechtssystems, welcher die zeitliche Aufeinanderfolge der Menschen und den Uebergang ihres Vermögens ordnet.

Am weitesten hat sich von der natürlichen Reihenfolge der deutsche Entwurf eines bürgerlichen Gesetzbuches entfernt, welcher die Gegenstände in folgender Ordnung behandelt: Recht der Schuldverhältnisse (Obligationenrecht), Sachenrecht, Familien- und Erbrecht.

Hier werden also die Schuldverhältnisse an erster Stelle behandelt, obgleich ihr juristischer oder wirtschaftlicher Zweck doch fast ausnahmslos dahin geht, das Eigentum zu erwerben, zu erhalten, zu sichern; erst dann folgt — seltsam genug — das Eigentum mit den übrigen dinglichen Rechten und gar erst an dritter Stelle das Familienrecht. Dadurch, wie auch durch zahlreiche andere Eigentümlichkeiten, von welchen später die Rede sein wird, charakterisiert sich der Entwurf als das Produkt einer Zeit der vorherrschenden Verkehrsinteressen, in welcher die Rücksicht auf den Händler sogar jene auf den Eigentümer überwiegt. Hätten die Verfasser das Erbrecht in ihrem Entwurf in die erste Reihe gestellt, so wäre die Umkehrung der natürlichen Ordnung eine vollständige gewesen.

Ich werde bei der Besprechung des Entwurfs jene Reihenfolge beobachten, welche sich vom sozialen Gesichtspunkte aus als die richtige darstellt und deshalb zuerst das Familienrecht behandeln. Die Kritik desselben soll den Gegenstand der folgenden Abteilung bilden.

Zweite Abteilung.

Das Familienrecht des Entwurfs eines bürgerlichen Gesetzbuches für das deutsche Reich.

XIV.

Die Aufklärungsperiode hat angenommen — und dies war ihr grösster Irrtum —, dass neben und über den positiven Rechten der einzelnen Staaten ein Naturrecht bestehe, an welchem die Gerechtigkeit der positiven Rechtssysteme gemessen und aus dem sie nötigenfalls ergänzt werden können. Ein solches Normalrecht existiert nun in Wirklichkeit nicht, mag man das Naturrecht als das Recht des Naturzustandes der Menschheit oder als das auf Vernunftbegriffen a priori beruhende Recht oder endlich als die aus der Natur der Lebensverhältnisse sich ergebende Rechtsordnung auffassen. Das wirkliche Leben der Völker bietet uns vielmehr nur Machtverhältnisse zwischen den einzelnen Klassen und Gruppen der Gesellschaft dar, welche dauernde Anerkennung und dadurch den Charakter von Rechten, Rechtsverhältnissen und Rechtsinstituten erlangt haben. Kein Rechtssatz, wie natürlich er auch dem unbefangenen Beobachter erscheinen mag, kann Dasein und Geltung behaupten, wenn er mit den bestehenden Machtverhältnissen, namentlich auch mit dem

Interesse der Herrschenden und Besitzenden im Widerspruch steht.

Diese wichtige Wahrheit erhält ihre sicherste Beglaubigung, wenn wir die Gestaltung des Familienrechts in den positiven Rechtssystemen in Betracht ziehen. Kein Teil des Privatrechts hat in den natürlichen Grundlagen des Menschengeschlechts so tiefe Wurzeln wie gerade das Familienrecht. Das Zusammenleben von Mann und Weib, die Erzeugung und die Erziehung der Kinder bis zu dem Augenblick, wo sie sich selbst erhalten können — all' dies sind Naturvorgänge, welche unter der Herrschaft jeder Rechtsordnung in irgend einer Form wiederkehren müssen und die sogar bei zahlreichen Gattungen des Tierreichs ihr Seitenstück haben. Dies ist auch der Grund, weshalb die römischen Juristen das Familienrecht zu dem natürlichen Rechte zählen, dessen Satzungen die Natur nicht bloss dem Menschen, sondern allen tierischen Wesen eingeprägt hat. Hier also, auf dem Gebiete des Familienrechts, sollte man erwarten, dass der feindliche Gegensatz zwischen den Besitzenden und den Besitzlosen vollständig zum Schweigen verurteilt sein wird, und dass eine der Natur der Lebensverhältnisse entsprechende Rechtsordnung ihr Dasein behauptet hat.

In Wirklichkeit ist dies aber keineswegs der Fall. Auch jener Teil des Privatrechts, durch welchen die Fortpflanzung der Menschen und der Wechsel der Generationen geordnet wird, leidet an denselben Gebrechen, wie das Vermögensrecht, indem auch die Rechtsregeln und Rechtsinstitute des Familienrechts vom Standpunkt der Besitzenden aus gedacht und ausgebildet sind. Ja diese Einseitigkeiten sind hier vielleicht noch drückender, weil es zu ihrer gründlichen Beseitigung nicht, wie auf dem Gebiete des Vermögensrechts, einer durchgreifenden Umbildung des überlieferten Rechtszustandes bedarf. Ich will auch von diesen Mängeln des Familienrechts nur jene hervorheben, welche innerhalb der besitzlosen Volksklassen für weite Kreise von entscheidender Bedeutung sind und alle minder wichtigen Fragen an dieser Stelle bei Seite setzen.

XV.

Am wenigsten tritt dieser einseitige Standpunkt unseres Familienrechts bei der Ehe hervor, welches Rechtsinstitut in den positiven Rechtssystemen und so auch im Entwurf eines deutschen bürgerlichen Gesetzbuches in einer gerechten und unparteiischen Weise geordnet ist. Der Grund dieser Erscheinung, welche bei dem Fundamentalinstitut des Familienrechts doppelt befremden muss, liegt zunächst in der Thatsache, dass die Ehe, welche lange Zeit der Gesetzgebungsgewalt der Kirche unterstand, von dieser als ein ausschliesslich sittlich-religiöses Institut betrachtet und dadurch dem Streite der materiellen Interessen bis zu einem gewissen Grade entrückt wurde. Dann aber — und dies mag als die Hauptursache gelten — ist die Ehe zu allen Zeiten ein Rechtsgeschäft gewesen, welches regelmässig nur zwischen Personen von der gleichen gesellschaftlichen Lebensstellung abgeschlossen wurde, so dass nicht standesgemässe Ehen als eine seltene Ausnahme betrachtet werden können. Als daher der Staat im achtzehnten und neunzehnten Jahrhundert der Kirche das Gesetzgebungsrecht über die Ehe aus den Händen nahm, so war kein Bedürfnis vorhanden, den

Normen des Eherechts eine gegen die besitzlosen Volksklassen gerichtete Tendenz zu verleihen. Selbst das Rechtsinstitut der Ebenbürtigkeit und der Missheirat, welches nach den Motiven (I, 10 ff.) bei den souveränen Häusern und dem hohen Adel des deutschen Reiches aufrecht erhalten werden soll, ist der Natur der Sache nach mehr gegen den Bürgerstand und den niederen Adel, als gegen die besitzlosen Volksklassen gerichtet.

Diese unparteiische Haltung der Gesetzgebung über die Ehe hat auch bewirkt, dass dieses Rechtsinstitut von dem Sozialismus verhältnismässig nur wenig angegriffen wird. Von einer Weltanschauung wie der Sozialismus, welche eine durchgreifende Umbildung des Privateigentums anstrebt, sollte man auf den ersten Blick erwarten, dass sie auch das zweite Fundamentalinstitut des Privatrechts: die Ehe verwerfen wird. In Wirklichkeit ist aber von den drei grundlegenden Einrichtungen unserer bürgerlichen Gesellschaft: dem Privateigentum, der Religion und der Ehe, welche Robert Owen einmal die Dreieinigkeit des Unheils (Trinity of curse) genannt hat, die sozialistische Strömung hauptsächlich gegen das Eigentum, weniger gegen die Religion, am wenigsten gegen die Ehe gerichtet. Dies mag zur Bestätigung der schon früher hervorgehobenen Wahrheit dienen, dass die sozialen Gegensätze der Gegenwart nicht nur durch die Grundideen unserer Privatrechtsordnung, sondern vielleicht in eben demselben Masse auch durch deren einseitige und parteiische Ausführung, welche fast ausschliesslich ein Werk der Juristen ist, hervorgerufen werden.

Freilich darf bei der Würdigung dieser Erscheinung auch nicht übersehen werden, dass die moderne Ehe, wie sie sich unter der Einwirkung kirchlicher und staatlicher Einflüsse ausgebildet hat, entfernt nicht jene furchtbaren Uebelstände zur Folge hat, wie das Privateigentum. Ein Gegensatz, wie jener zwischen Reich und Arm, ist auf dem Gebiete des ehelichen Lebens überhaupt nicht vorhanden; ob der Einzelne in der Ehe eine grössere oder geringere Befriedigung seiner geistigen und physischen Bedürfnisse findet, hängt von individuellen Verhältnissen und vielfach vom Zufall ab. Wäre für die Befriedigung jener Bedürfnisse, welchen das Privateigentum dienen soll, durch dieses ebenso gut gesorgt wie auf dem Gebiet des Geschlechtslebens durch die Ehe, so würden sich die sozialistischen Parteien wohl auch mit dem Privateigentum in seiner überlieferten Form zufrieden geben. Dies mögen die Gründe sein, weshalb nur wenige der konsequentesten Sozialisten, unter welchen ich Plato, den Hebertisten Boissel, Charles Fourier und den Saint-Simonisten Enfantin hervorhebe, auch eine grundsätzliche Umbildung der Ehe angestrebt haben.

Was die einzelnen Bestimmungen des Entwurfs über das Eherecht betrifft, so entziehen sich dieselben wegen ihres rein juristischen Charakters an dieser Stelle unserer Betrachtung. Im allgemeinen wird man das juristische Detail, namentlich die Auswahl der Thatsachen, an welche die Ungültigkeit der Ehe geknüpft ist, ferner die doppelte Form der Geltendmachung dieser Thatsachen (Nichtigkeit und Anfechtbarkeit der Ehe) wohl billigen können.

Nur einen Punkt möchte ich hier hervorheben, weil derselbe in der sozialistischen Litteratur, wie ich glaube, nur allzu häufig besprochen worden ist, nämlich die Frage, wann eine Scheidung der Ehe bei Lebzeiten der Ehegatten zugelassen werden soll. Ich sage, dass die sozialistischen Schriftsteller der Scheidungsfrage eine zu grosse Aufmerksamkeit geschenkt haben, weil die Wichtigkeit, die man derselben beilegt, doch vorherrschend aus der Nervosität und der Ueberfeinerung der höheren Stände entspringt. Der Entwurf gestattet die Scheidung und die Trennung von Tisch und Bett (die lediglich eine Vorbereitung für die endgültige Scheidung sein soll) nur dann, wenn auf Seite des einen Ehegatten ein schweres Verschulden vorhanden ist, nämlich wenn derselbe einen Ehebruch oder bestimmte schwere Sittlichkeitsverbrechen begangen, dem Leben des andern Ehegatten nachgestellt oder ihn böslich verlassen hat, oder endlich, wenn er durch schwere Verletzung der ihm gegen den anderen Ehegatten obliegenden ehelichen Pflichten eine so tiefe Zerrüttung des ehelichen Verhältnisses verschuldet hat, dass diesem letzteren die Fortsetzung der Ehe nicht zugemutet werden kann (§ 1440—1444 des Entwurfs). Ich glaube, dass der Entwurf durch diese Bestimmungen, von welchen vielleicht schon die letztere für sich genügen würde, die richtige Mitte zwischen jenen Gesetzgebungen getroffen hat, welche, wie z. B. das katholische Eherecht, an der Unauflösbarkeit der Ehe festhalten und jenen, die, wie das preussische Landrecht, schon auf Grund beiderseitiger Einwilligung der Ehegatten die Scheidung (kinderloser) Ehen gestatten, ja sogar die unüberwindliche Abneigung des einen Ehegatten zur Auflösung der Ehe als genügend erklären (Pr. L.R. II, 1. § 716 ff.).

Die Familie ist in unserer Zeit die einzige Gemeinschaft, in welcher das Gefühl der Brüderlichkeit und der Hingebung praktisch bethätigt wird, und die besitzlosen Volksklassen haben deshalb kein Interesse, die Festigkeit der Ehe, des Fundaments der Familie, durch allzugrosse Ausdehnung der Scheidungsgründe zu erschüttern. Erst dann, wenn die höheren Lebenskreise: die Arbeitergruppe, die Gemeinde, der Staat sozial organisiert sind und die Familie in ihren wohlthätigen Wirkungen bis zu einem gewissen Grade ersetzen, wird die Frage zu erwägen sein, ob das Band der Ehe ohne Schädigung der Gesellschaft gelockert werden kann. Bis dahin aber werden die besitzlosen Volksklassen dem Entwurf die Anerkennung nicht versagen können, dass seine Bestimmungen über die Ehe nicht nur an sich zweckmässig sind, sondern dass sie auch ihr besonderes Klasseninteresse nicht verletzen.

XVI.

Die ganze Sachlage verändert sich vollständig, wenn wir von der Ehe zu dem so naheliegenden Gebiete des Ehegüterrechts übergehen. Hier ist an den Bestimmungen des Entwurfs sofort der einseitige und parteiische Geist unseres Juristenstandes wahrzunehmen, der sich lediglich als Vertreter der besitzenden Klassen fühlt. Bekanntlich wird es von wohlhabenden Vätern als eine der wichtigsten Lebensaufgaben betrachtet, ihren verheirateten Töchtern, die ja in der Ehe meistens der schwächere Teil sind, ihr Vermögen und überhaupt ihre wirtschaftliche Stellung zu sichern. Demgemäss hat denn auch der deutsche Entwurf nicht weniger als fünf Ehegüterrechte aufgestellt und bis in die geringfügigsten Einzelheiten ausgebildet, so dass für jeden Geschmack ein Sträusschen geflochten erscheint. In ihrem Eifer, für jenes wichtige soziale Interesse der besitzenden Volksklassen nur ja recht ausgiebig zu sorgen, haben die Verfasser des Entwurfs zur Normierung der verschiedenen Ehegüterrechte mehr als hundertfünfzig sehr umfassende Paragraphen gebraucht. Gegen diese Sorgfalt wäre an sich wenig einzuwenden, wenn sie bei Rechtsverhältnissen zwischen Armen und Reichen, wo das Kräfteverhältnis der Beteiligten doch noch unendlich ungünstiger ist als zwischen Mann und Frau, nicht regelmässig so ziemlich alles der »freien Vereinbarung« überlassen hätten. Hievon wird noch später ausführlich die Rede sein.

Sehen wir nun zu, wie sich die vom Entwurf aufgestellten Ehegüterrechte zu den einzelnen Klassen des Volkes verhalten.

In den vornehmen Bevölkerungsschichten, zu welchen man die Geburts-, Finanz- und Beamtenaristokratie, sowie auch das höhere Bürgertum zählen kann, ist die Ehegattin kaum mehr als ein anmutiges Dekorationsstück. An der Berufsthätigkeit ihres Mannes und an der häuslichen Arbeit nimmt sie persönlich fast gar keinen Anteil, ja selbst die Erfüllung ihrer intimsten Mutterpflichten: das Säugen und die Aufziehung ihrer Kinder in den ersten Lebensjahren pflegt sie auf Frauen der besitzlosen Volksklassen abzuwälzen. Häufig bringt die Frau ein Vermögen in die Ehe mit, an welchem der Mann zur Bestreitung der beträchtlichen Unterhaltskosten die Nutzung erhält. Wird dann die Ehe aufgelöst, so erhält die Frau ihr Eigentum zurück, auf das während der Ehe erworbene Vermögen hat sie, die ja immer nur konsumiert hat, naturgemäss keinen

Anspruch. Dieses Ehegüterrecht wird als die »Verwaltungsgemeinschaft« bezeichnet, weil in demselben das Vermögen beider Ehegatten während der Dauer der Ehe in der einheitlichen Verwaltung des Ehemannes steht.

Wesentlich anders gestaltet sich die Lage bei den mittleren Klassen, zu welchen die unteren Schichten des Bürgertums und die höher qualifizierten Arbeiter zu rechnen sind. Hier wirft die Gattin regelmässig nicht nur ihr Vermögen, sondern auch ihre Arbeit in die Ehe ein, indem sie die häuslichen Dienste verrichtet und auch an der Berufsthätigkeit des Mannes in grösserem oder geringerem Masse teilnimmt. Die natürliche Gestaltung des Ehegüterrechts für diese Lebenskreise ist die Errungenschaftsgemeinschaft, d. h. die Ehegatten behalten das Vermögen, welches sie zur Zeit der Eheschliessung besassen, das während der Ehe erworbene Vermögen gehört dagegen Beiden gemeinschaftlich.

Bei den besitzlosen Volksklassen werfen endlich die Ehegatten zumeist nur ihre Arbeit in die Ehe ein; das Vermögen, das sie sich etwa zubringen, ist regelmässig geringfügig und einem raschen Verbrauch unterworfen. Während aber die Thätigkeit der Gattin bei den höheren und selbst bei den mittleren Schichten der Bevölkerung hinter der Arbeit des Mannes beträchtlich zurücktritt, ist die Frau dem Manne in einer dürftigen Ehe in dieser Richtung mindestens ebenbürtig. Nicht nur dass die häusliche Arbeit vollständig der Gattin obliegt, sondern es ist auch eine ganz gewöhnliche Erscheinung, dass sie ausserdem noch für sich eine besondere Berufsthätigkeit ausübt. Die für solche Verhältnisse allein passende Gestaltung des Ehegüterrechts ist die Gütergemeinschaft, deren Wesen darin besteht, dass sowohl das zur Zeit der Eheschliessung als auch das später erworbene Vermögen ein gemeinschaftliches Gut beider Ehegatten wird. Ja mit Rücksicht auf die umfassende Thätigkeit, welche der Frau im ehelichen Leben der Armen obliegt, erscheint es mir sehr zweifelhaft, ob die hervorragende Stellung, welche der deutsche Entwurf dem Ehemann auch in der Gütergemeinschaft zuweist, für diese Volkskreise hinreichend gerechtfertigt ist.

Und hier zeigt es sich mit voller Klarheit, wie sehr unsere Juristen und Gesetzgeber die Tendenz haben, alle Lebensverhältnisse vom Standpunkt der Reichen und Vornehmen zu beurteilen, deren soziale Lage ihnen allerdings am besten vertraut ist. Denn jene erste Form des Ehegüterrechts: die Verwaltungsgemeinschaft, welche nur den Bedürfnissen ganz enger Lebenskreise entspricht, soll nach dem Entwurf (§ 1283 ff., 1333) bei jeder Ehe Anwendung finden, sofern die Ehegatten nicht durch einen in gerichtlicher oder notarieller Form abgeschlossenen Ehevertrag ein anderes Ehegüterrecht erwählen. Bei der tiefen Unwissenheit, welche unter den besitzlosen Volksklassen in Ansehung der Normen des Privatrechts herrscht, werden arme Ehepaare regelmässig von der ganzen Existenz eines Ehegüterrechts nur eine schwache Vorstellung besitzen, geschweige denn, dass sie unter den fünf gesetzlichen Ehegüterrechten eine sachgemässe Auswahl treffen könnten. Unterlassen sie aber die Abschliessung eines Ehevertrags, so findet auf ihre dürftige Ehe sofort das Ehegüterrecht der Geheimräte und der Millionäre von Gesetzes wegen Anwendung.

Solang der Staat nicht in dem oben (vgl. XII.) angedeuteten Sinne organische Einrichtungen schafft, um die besitzlosen Volksklassen vor den schädlichen Folgen der Rechtsunkenntnis zu schützen, wird sich dieser Uebelstand auch kaum vollständig beseitigen lassen. Da jedoch die Ansprüche der unteren Volksklassen naturgemäss ihre Befriedigung von seiten der Gesetzgebung nur ganz allmählich erwarten können, so sollte bis dahin dem Standesbeamten, vor welchem die Ehe abgeschlossen wird, durch das Gesetz die Verpflichtung auferlegt werden, arme Ehepaare über den Inhalt der verschiedenen Ehegüterrechte zu unterrichten, damit diese ihre Wahl mit Sachkenntnis und Ueberlegung treffen können. Natürlich müsste auch dafür Sorge getragen werden, dass die gerichtliche oder notarielle Form, welche das Gesetz für die Eheverträge vorschreibt, für dürftige Eheleute mit keinen Kosten verbunden ist.

XVII.

Alle Zivilgesetzbücher legen den Verwandten in auf- und absteigender Linie unter gewissen Voraussetzungen die Unterhaltspflicht auf; insbesondere sind die Eltern verpflichtet, ihre ehelichen Kinder zu erziehen und sie so lange zu erhalten, bis sie selbst für ihr Fortkommen Sorge tragen können. Noch weiter geht der deutsche Entwurf (§ 1480), nach welchem sich auch die Geschwister unter Umständen gegenseitig den notdürftigen Unterhalt gewähren müssen (§ 1489 d. Entw.). Vom Standpunkt der sozialen Massenwirkungen kommt hier nur der Unterhalt der Kinder durch die Eltern in Betracht; die übrigen Fälle der Unterhaltsverpflichtung sind vergleichsweise von geringer Bedeutung.

Wie ist aber der Unterhalt dem Berechtigten von dem Verpflichteten zu gewähren? Nach dem Entwurf (§ 1491) hat der Verpflichtete denselben regelmässig in der Form einer Geldrente zu leisten. Nur wenn dem Verpflichteten gegenüber dem Berechtigten ein Erziehungsrecht zusteht, so hat er das Recht, selbst die Art der Gewährung des Unterhaltes zu bestimmen. Da das Erziehungsrecht in erster Reihe dem ehelichen Vater und nach seinem Tode der ehelichen Mutter zusteht, so können die Eltern nach freiem Ermessen bestimmen, in welcher Weise das Kind zu erhalten ist (§ 1501, 1502, 1504, 1655 d. Entw.).

Aus dieser Darstellung ist leicht ersichtlich, mit wie grossem Recht den Verfassern des Entwurfs in einem früheren Abschnitt dieser Abhandlung der Vorwurf einer abstrakten und unvolkstümlichen Darstellungsweise gemacht worden ist. Jeder Gesetzgeber, der auch nur das geringste Formtalent besitzt, wird bei Darstellung der Unterhaltspflicht zunächst die Alimentationsverpflichtung der Eltern gegenüber ihren ehelichen Kindern normieren, weil dieser Fall die ungeheure Mehrzahl aller Unterhaltsverpflichtungen bildet und jedem, selbst dem Aermsten und Ungebildetsten, aus den Erfahrungen seiner Jugend wohl bekannt und vertraut ist; erst dann sind die besonderen Bestimmungen für die seltener vorkommenden Alimentationsfälle anhangsweise beizufügen.

Wie haben aber die Verfasser des Entwurfs diese

wahrlich sehr einfache Formfrage gelöst? Als echte Lehrbuchsjuristen haben sie eine abstrakte, alle Fälle umfassende Alimentationspflicht konstruiert und die meisten Rechtsregeln auf diesen abstrakten Begriff bezogen. Daher bestimmen sie in allem Ernst, dass der Unterhalt regelmässig in einer Geldrente zu leisten ist und gestatten nur ausnahmsweise, dass die Eltern auch eine andere Form der Alimentation wählen können. Diese Formulierung erinnert denn doch durch ihre naive Umkehrung von Regel und Ausnahme an das bekannte Witzblatt, welches täglich mit Ausnahme der Wochentage erscheint! Denn auf dem Gebiete des Unterhalts bildet glücklicherweise die Naturalwirtschaft noch die weit überwiegende Regel, da die Kinder von ihren Eltern — und dies ist die ungeheure Mehrzahl aller Alimentationsfälle — ihren Unterhalt meistens in Natur entweder im elterlichen Hause oder von einem Dritten im Namen der Eltern empfangen. Wer überhaupt lernen will, wie man die Sache anzugreifen hat, um ein allen Staatsbürgern ohne Unterschied der Lebensstellung wohlbekanntes Rechtsinstitut in einer möglichst abstrakten und unverständlichen Weise darzustellen, braucht nur den Titel des deutschen Entwurfs über die Unterhaltspflicht zu lesen.

XVIII.

Die Eltern haben also das Recht, die Art und Weise, wie der Unterhalt dem Kinde zu gewähren ist, nach freiem Ermessen zu bestimmen (§§ 1491, 1504, 1506 d. Entw.). Diese Ausnahme oder vielmehr diese Regel zieht unsere Aufmerksamkeit auf sich, weil dieselbe eine grosse Ungerechtigkeit gegen die besitzlosen Klassen in sich birgt.

In dem ersten Lebensjahr wird dem neugeborenen Kind der wichtigste Teil des Unterhaltes, nämlich die Nahrung, in der Weise gereicht, dass es von der Mutter oder einer anderen Frau gesäugt wird. Diese der Natur allein entsprechende Ernährung ist für das körperliche und geistige Wohlbefinden des Kindes in seinem weiteren Lebenslauf erfahrungsgemäss von entscheidender Bedeutung. Treten Ersatzmittel an die Stelle der natürlichen Nahrung, so ist, namentlich wenn das Kind auch sonst vernachlässigt wird, nicht selten der Tod, in zahlreichen Fällen lebenslängliches Siechtum die Folge.

Hier greift nun jener Rechtssatz ein, dass die Eltern die Art und Weise, wie der Unterhalt dem Kinde zu leisten ist, nach freiem Ermessen bestimmen können. Kraft dieser Gesetzesnorm werden die wohlhabenden Familien die Ernährung der Kinder in der ersten Zeit ihres Lebens gegen eine bestimmte Entlohnung armen Frauen und Mädchen übertragen, welche vor Kurzem geboren haben und die dann ihr Kind regelmässig mit künstlichen Nahrungsmitteln aufziehen müssen. Der deutsche Entwurf führt dadurch nichts Neues ein, da das Ammenwesen selbst in der Praxis jener Länder, deren Gesetzgebung eine ähnliche Bestimmung nicht enthält, allgemein anerkannt ist.

Würde es sich bei der Ernährung der Kinder in ihrer ersten Lebenszeit lediglich um die Frauen der besitzlosen Volksklassen handeln, so wäre die Regel, dass die Mutter zur Stillung ihres eigenen Kindes *persönlich* verpflichtet ist, gewiss schon längst von Juristen und Rechtsphilosophen als die natürlichste und notwendigste aller Gesetzesbestimmungen anerkannt. Denn die Natur selbst weist das Weib durch gewisse Veränderungen in seinem Körper zur Erfüllung seiner Mutterpflicht an und ahndet die Verletzung ihres Gebotes durch schwere körperliche Nachteile. Gilt ja doch auch sonst der Grundsatz, dass Handlungen, welche auf Grund von Verhältnissen des reinen Familienrechts zu leisten sind, von dem Verpflichteten regelmässig in Person vorgenommen werden müssen. Selbst bei Schuldverhältnissen, welche auf dem persönlichen Vertrauen der vertragschliessenden Teile beruhen, z. B. bei dem Auftrag oder der Gesellschaft, soll nach dem Entwurf im Zweifel nur die persönliche Leistung gestattet sein (§ 588, 638 d. Entw.). Und bei einem so intimen, rein familienrechtlichen Akt wie die Ernährung des Kindes in seiner ersten Lebenszeit, welcher nichts als die Fortsetzung und der Abschluss des durch den Beischlaf und die Schwangerschaft geschaffenen Zustandes ist, darf eine Stellvertretung durch Andere stattfinden, weil eine solche Ausnahme durch unerhebliche Bequemlichkeitsinteressen der höheren Stände gefordert wird.

Denn in der That sind die Interessen der besitzenden Bevölkerungsschichten und insbesondere ihrer Frauen, welche durch diesen Zustand befriedigt werden, nicht sehr bedeutend, wenn man sie mit dem Schaden vergleicht, der dadurch den besitzlosen Volksklassen zugefügt wird. Wenn gesunde Frauen der besitzenden Volksklassen sich bei Erfüllung ihrer Mutterpflichten durch Ammen vertreten lassen, so thun sie dies kaum aus einem anderen Grunde, als aus Bequemlichkeit oder deshalb, weil sie ihren gesellschaftlichen Vergnügungen nicht auf längere Zeit entsagen wollen. Dagegen wird das Kind der Amme, welchem die mütterliche Nahrung und auch sonst ihre Pflege mangelt, oft dem Siechtum, nicht selten sogar dem Tode preisgegeben. Ja man müsste Frauen, die für Geld ihre eigenen Kinder der Verkümmerung überliefern, um fremde Kinder zu ernähren, aufs Tiefste verabscheuen, wenn man nicht wüsste, dass sie zu einer solchen Handlungsweise meistens nur durch den Drang der bittersten Not bestimmt werden.

In der That wird nur durch die Gesetze über die unehelichen Kinder bewirkt, dass sich stets Frauenspersonen finden, die sich von den wohlhabenden Familien als Ammen verwenden lassen. Ehefrauen werden der grossen Regel nach niemals geneigt sein, ihre eigenen Kinder zu Gunsten fremder Bequemlichkeit der Verkümmerung preiszugeben. Da jedoch die Mädchen, welche unehelich geboren haben, durch eine vollkommen einseitige Gesetzgebung unmittelbar nach der Geburt in die bitterste Not gestürzt werden, so müssen sie sich jede Bedingung auflegen lassen, um nur sich und ihr Kind notdürftig zu erhalten.

Die Nachteile, welche durch diese Zustände nicht nur den Beteiligten, sondern auch den besitzlosen Volksklassen in ihrer Gesamtheit zugefügt werden, kann man kaum hoch genug anschlagen. Denn dadurch werden in der Zeit der grössten Empfänglichkeit die Keime des physischen Verderbens in hunderttausende von Kindern gelegt, welche später meistens in die arbeitenden Klassen eintreten und deren körperliche und geistige Gesamthaltung ungünstig beeinflussen. Deshalb sollten die besitzlosen Volksklassen auf die Beseitigung dieser Uebelstände mit Ernst und Nachdruck hinwirken, obgleich von denselben die Frauenspersonen, welche sich von den Mitgliedern der höheren Stände haben verführen lassen, meistens gehasst und verachtet werden.

Aber auch der Staat und die Gesetzgebung haben alle Ursache, schon aus Rücksichten auf die Gesundheitspflege in diese Zustände ordnend einzugreifen. Freilich wird gar mancher, welcher sein Urteil durch Redensarten beherrschen lässt, dagegen die Freiheit der Vertragsschliessung und die Unantastbarkeit des Familienlebens der Besitzenden geltend machen. Allein die Wirkung des Grundsatzes der Vertragsfreiheit ist auf dem Gebiete des reinen Familienrechts ohnedies in die engsten Grenzen gebannt; weder der gesetzliche Inhalt der Ehe noch jener des Rechtsverhältnisses zwischen den Eltern und ihren ehelichen Kindern kann durch Verträge in wesentlichen Punkten abgeändert werden. Auch hat sich die staatliche Gesetzgebung zur Hebung des Gesundheitszustandes der arbeitenden Volksklassen nicht gescheut, in die Freiheit des Lohnvertrags, dem der privatrechtliche Charakter doch weit mehr aufgeprägt ist, durch die Fabrikgesetzgebung und durch andere soziale Massregeln sehr tief einzugreifen, wie denn überhaupt die Periode, wo die Privatrechte lediglich eine Privatsache der Beteiligten waren, entschieden ihrem Ende entgegeneilt.

Ebensowenig kann davon die Rede sein, dass durch eine solche Umbildung der Alimentationspflicht in das Familienleben der besitzenden Volksklassen störend eingegriffen werde. Dadurch, dass das Gesetz die ehelichen Mütter der wohlhabenden Bevölkerungsschichten zur persönlichen Erfüllung ihrer Mutterpflicht nötigt, werden vielmehr die Beziehungen zwischen Mutter und Kind nur inniger und natürlicher gestaltet und zugleich auch für das Verhältnis zwischen den unehelichen Müttern und ihren Kindern wenigstens die Möglichkeit einer befriedigenden Entwickelung geschaffen. Was wirklich eine Beeinträchtigung erfahren müsste und sollte, wäre nur die selbstsüchtige Vergnügungssucht und Bequemlichkeitsliebe der wohlhabenden Frauen.

Um diese Zwecke vollständig zu erreichen, müsste im § 1491 des deutschen Entwurfs bestimmt werden, dass die Eltern zwar das Recht haben, über die Form, in welcher den Kindern der Unterhalt zu gewähren ist, nach freiem Ermessen zu bestimmen, dass aber die eheliche und die uneheliche Mutter jedenfalls verpflichtet sind, das Kind in seiner ersten Lebenszeit selbst zu stillen und dass dabei eine Stellvertretung nur durch Frauenspersonen zulässig sei, welchen ihr eigenes Kind gestorben ist. Sollte sich aber eine solche Bestimmung, obgleich sie durch die Gerechtigkeit, ja durch die Natur selbst gefordert wird, bei den bestehenden Machtverhältnissen als unerreichbar erweisen, so wäre doch zum mindesten eine Stellvertretung nur dann zu gestatten, wenn sie nach ärztlicher Untersuchung des unehelichen Kindes als zulässig erkannt und von dem Vormundschaftsgericht desselben genehmigt wird. Ich weiss sehr wohl, dass gegenwärtig, wo die Interessen der höheren Gesellschaftskreise überall einen so gewaltigen Druck ausüben, an die strenge Handhabung eines solchen Rechtssatzes nicht zu denken ist; aber die Fälle, in welchen das uneheliche Kind durch den Mangel der mütterlichen Pflege und Nahrung unmittelbar dem Tode in die Arme getrieben wird, möchten dann doch wohl seltener werden.

Freilich wird kein gesetzliches Verbot einem so tief eingewurzelten Unwesen vollständig steuern, wenn nicht zugleich das Rechtsverhältnis der unehelichen Kinder in einer gerechteren Weise geordnet wird. Wenn die uneheliche Mutter durch das Gesetz besser gestellt wird, so wird sie ohnedies in den Fällen, wo der Vater leistungsfähig ist, der natürlichen Zuneigung zu ihrem Kinde folgen und sich seiner Pflege und Ernährung widmen. Das Rechtsverhältnis der unehelichen Kinder, wie es sich nach dem Entwurfe gestalten wird, soll nunmehr näher in Betracht gezogen werden.

XIX.

Die hohe soziale Bedeutung der Gesetze über die unehelichen Kinder tritt sofort zu Tage, wenn man einen Blick auf die Zahl der unehelich Geborenen in den verschiedenen Kulturländern wirft. Ich erwähne nur, dass das deutsche Reich, welches eine relativ niedrige Ziffer der unehelichen Geburten hat, nach den neuesten Volkszählungen auf 100 Geburten 9 uneheliche Kinder aufweist. Obgleich nun die Sterblichkeit der unehelichen Kinder infolge der mangelhaften Gesetzgebung (XVIII) und anderer Verhältnisse eine sehr grosse ist, so kann man doch sagen, dass die Personen, deren bürgerliche Stellung wesentlich durch die Gesetze über die unehelichen Kinder geregelt wird, in jedem grösseren Kulturstaat nach Millionen zählen.

Mit dieser grossen Wichtigkeit der Gesetze über die unehelichen Kinder steht nun der geringe Umfang der Bestimmungen, welche der deutsche Entwurf wie auch die meisten älteren Zivilgesetzbücher über ein so bedeutsames Rechtsverhältnis aufstellen, in einem auffallenden Widerspruch. Hier verlässt den deutschen Entwurf sofort die Redseligkeit, welche man bei allen Rechtsinstituten, die das Interesse der höheren Gesellschaftskreise berühren, wahrnehmen kann; die ganze so überaus wichtige Frage wird in elf Paragraphen abgehandelt, die an Kürze und Knappheit mit den Bruchstücken des Zwölftafelgesetzes wetteifern können. Dagegen werden zum Beispiel die Rechtsverhältnisse aus gefundenen Sachen, trotz der Bedeutungslosigkeit des ganzen Rechtsinstituts, in nicht weniger als neunzehn Paragraphen normiert, augenscheinlich bloss deshalb, weil die Reichen nicht selten in die Lage kommen, wertvolle Sachen zu verlieren. Und doch darf man nicht vergessen, dass kaum irgend ein Rechtsinstitut zu so viel Prozessen Anlass gibt als das Verhältnis zwischen dem unehelichen Vater und seinem Kind.

Diese auffallende Kürze beruht keineswegs auf einem Zufall. Sie kehrt in dem Entwurf überall wieder, wo es sich um Rechtsverhältnisse handelt, bei welchen die Angehörigen der besitzenden Volksklassen armen und schwachen Personen gegenüberstehen und wo es gerade die Pflicht der Verfasser gewesen wäre, die Interessen dieser letzteren durch besonders ausführliche und genaue Gesetzesbestimmungen zu sichern. So werden wir später sehen, dass die Rechtssätze über den Lohnvertrag in acht, sage acht Paragraphen enthalten sind, obgleich die Existenz der grossen Mehrheit der Nation auf diesen Vertrag gegründet ist.

Der Grund dieser Zurückhaltung ist leicht zu erraten. Eine klare und präzise Gesetzesbestimmung gewährt dem Schwachen bei Streitigkeiten einen mächtigen Schutz. Der Arme selbst vermag sich in solchen Fällen, obgleich eine gründlicheRechtsunkenntnis sein natürliches Erbteil ist, doch leichter eine feste Ueberzeugung vom Dasein seines Rechtes zu verschaffen und andererseits wird der Gegner nicht leicht geneigt sein, gegen das klare Recht Widerspruch zu erheben. Kommt es aber gleichwohl zum Rechtsstreit, so wird auch der Arme, der auf ein zweifelloses Recht hinweisen kann, willigere Organe zu dessen Durchsetzung finden.

Diese Situation ändert sich vollständig, wenn es für einen Rechtsfall an einer klaren Gesetzesbestimmung mangelt und deshalb die analoge Rechtsanwendung notwendig wird. Wie sehr die Armen und Schwachen bei dieser Form der Rechtsfindung gegenüber den besitzenden Klassen im Nachteil sind, ist schon oben (IX) ausführlich dargelegt worden. Unzählige Härten und Ungerechtigkeiten, welche der Gesetzgeber niemals wagen würde, in die Form einer Rechtsregel zu bringen, werden in solchen Fällen von dem Mächtigen im Wege der analogen Rechtsanwendung durchgesetzt. Denn immer werden sich in einem Privatrecht wie das unsere »rechtsähnliche Verhältnisse« finden, die dem Mächtigen Recht geben und, wenn dies einmal ausnahmsweise nicht der Fall sein sollte, so wird der »Geist der Rechtsordnung« willfährige Dienste leisten. Es ist deshalb vollkommen begreiflich und wird auch durch die Rechtsgeschichte aller Völker bestätigt, dass die Armen und Schwachen selbst harte und ungerechte Gesetze, sofern sie nur klar und für ihre Zeit möglichst vollständig waren, der Rechtsunsicherheit, d. h. der analogen Rechtsanwendung und der Geltung des Gewohnheitsrechts vorgezogen haben.

XX.

Alle Bestrebungen des Einzelnen bezwecken entweder die individuelle Erhaltung oder die Fortpflanzung der Gattung. Von den grossen Unterabteilungen des Privatrechts dient das Vermögensrecht (Sachen-, Obligationen- und Erbrecht) dem ersten der beiden Zwecke, indem dasselbe die Rechtsinstitute enthält, durch welche dem Einzelnen jene Sachen und Dienstleistungen zugewiesen werden, die zur Erhaltung seines Daseins notwendig oder förderlich sind. Das Familienrecht umfasst dagegen jene Bestandteile des Privatrechtssystems, durch welche das Geschlechtsleben und die Fortpflanzung des Menschengeschlechts geordnet und geregelt wird. Alle Bestrebungen des Einzelnen, welche nicht der Erhaltung des Individuums oder der Fortpflanzung der Gattung dienen, fallen in das Gebiet der öffentlichen Interessen.

Das Vermögensrecht kann nun auf sehr verschiedenen Grundsätzen aufgebaut werden. In dem kommunistischen Staat würden dem Einzelnen die zur Erhaltung seines Daseins notwendigen oder förderlichen Sachen und Dienstleistungen unmittelbar durch die staatlichen Organe zugewiesen werden. In unserer heutigen Privatrechtsordnung, auf welcher alle Zivilgesetzbücher beruhen, wird diese Aufgabe dadurch gelöst, dass die Objekte der äusseren Natur (die Sachen) durch das Privateigentum dem Einzelnen mit Ausschluss aller Uebrigen zu beliebiger Benützung zugeteilt und dass ferner Verträge, durch welche sich ein Staatsbürger dem anderen zur Leistung von Sachen und Handlungen verpflichtet hat, als rechtsgültig und erzwingbar anerkannt werden.

Die besitzlosen Volksklassen haben nun seit jeher die Tendenz gehabt, die durch das Privateigentum geschaffenen Schranken zu durchbrechen und in den durch das Gesetz den Besitzenden vorbehaltenen Rechtskreis einzudringen. So wurden im deutschen Reich im Jahr 1886 nicht weniger als 88816 Personen wegen Diebstahls verurteilt, so dass die Zahl der verurteilten Diebe oder gar aller Diebe überhaupt nach Hunderttausenden zählen muss; der wegen Raubs, Unterschlagung und Hehlerei Verurteilten nicht zu gedenken. Dieser ungeheure Ansturm der besitzlosen Volksklassen gegen die Eigentumsordnung hat zur natürlichen Folge, dass der Staat diese durch strenge Strafgesetze gegen alle Angriffe zu schirmen sucht. Denn vom sozialen Standpunkt aus betrachtet, sind es hauptsächlich die Strafgesetze, durch welche die Eigentumsordnung gegen die besitzlosen Volksklassen geschützt und aufrecht erhalten wird, während die zivilrechtlichen Klagen mehr die Tendenz haben, dieselbe gegen Rechtsverletzungen der Besitzenden zu behaupten.

Eine ähnliche, in fremde Rechtsgebiete eingreifende Tendenz ist nun auch auf Seite der Besitzenden wahrzunehmen, nur dass diese nicht gegen das Vermögen, sondern gegen das Geschlechtsleben der besitzlosen Volksklassen gerichtet ist. Die Wohlhabenden sind durch ihr Eigentum und das daraus fliessende arbeitslose Einkommen in die Lage versetzt, die zur Erhaltung und Förderung des individuellen Daseins dienenden Bedürfnisse im weitesten Umfang zu befriedigen und es entspricht nur den psychologischen Gesetzen, wenn sie vielfach auch ihre Geschlechtsgenüsse über die durch die Rechtsordnung gesteckten Schranken zu erweitern suchen. Dazu kommt noch, dass das aussereheliche Geschlechtsleben der Reichen durch das späte Heiraten, durch ihre Ueberlegenheit an Vermögen und Bildung und durch zahlreiche andere soziale Einflüsse veranlasst und gefördert wird.

Wie weit dieses ausserehliche Geschlechtsleben der besitzenden Volksklassen, namentlich der Männer, welches jedenfalls nur auf Kosten der Reinheit und Unantastbarkeit des Familienlebens der Armen gehen kann, in unserer Zeit reicht, ist schwer festzustellen; sicher ist nur, dass die Zahl der unehelichen Kinder in einem Lande hiefür auch entfernt keinen genügenden Anhaltspunkt bietet. Man wird wohl der Wahrheit nahekommen, wenn man annimmt, dass das aussereheliche Geschlechtsleben der wohlhabenden Männer, sofern man ihren ganzen Lebenslauf in Betracht zieht, dem ehelichen in den grösseren Städten an Umfang nicht bedeutend nachsteht und dass dasselbe auch auf dem Lande von grösster sozialer Bedeutung ist.

Wie aber verhält sich der Staat und die Gesetzgebung zu dieser übergreifenden Tendenz der besitzenden Klassen auf einem Gebiete, welches mit Recht seit jeher als besonders unnahbar gegolten hat? Hier zeigt sich die volle Einseitigkeit unserer bürgerlichen Gesetzgebung. Grundsätzlich erkennen wir zwar an, dass das aussereheliche Geschlechtsleben gegen Recht und Sitte verstösst; aber während der Staat diejenigen, welche die Eigentumsinteressen der Besitzenden verletzen, mit schweren Strafen bedroht, sind die Geschlechtsinteressen der besitzlosen Volksklassen im Zivil- und im Strafrecht nur ungenügend geschützt. Die Gesetzgebung des letzten Jahrhunderts hat sogar manche Bollwerke, welche frühere Zeiten gegen jene übergreifende Tendenz der besitzenden Volksklassen errichtet haben, wieder beseitigt und der Entwurf eines deutschen Zivilgesetzbuches will, so scheint es, diese verfehlte Richtung im Widerspruch mit der ganzen Zeitströmung bis zu ihren äussersten Konsequenzen durchführen.

Ich weiss sehr wohl, dass aussereheliche Geschlechtsverhältnisse auch zwischen den Angehörigen der besitzlosen Volksklassen überaus häufig vorkommen. Aber die fortschreitende Einseitigkeit unserer Gesetzgebung in Beziehung auf diese so wichtige Frage ist gewiss nur durch die Rücksicht auf die Interessen der Besitzenden veranlasst worden, obgleich gerade hier ein sicheres Mittel zur Milderung der Klassengegensätze geboten war.

Der Trieb zur Erhaltung des individuellen Daseins und der Geschlechtstrieb sind in ihren Wirkungen fast von gleicher Stärke. Eine weise Gesetzgebung würde deshalb trachten, durch die Rechtsinstitute, welche sich an den Geschlechtstrieb anschliessen, die Härten unserer Eigentumsordnung nach Möglichkeit zu mildern. Um die Sache ganz klar und nüchtern auszudrücken: Wenn der reiche Mann das arme Mädchen, welches sein Gefallen erregt hat, heiraten oder zum mindesten genügend mit Geld entschädigen muss, so wird in unzähligen Fällen ohne jede Störung der Eigentumsordnung eine wohlthätige Ausgleichung der vermögensrechtlichen Gegensätze herbeigeführt werden. Wie weit die moderne Zivilgesetzgebung, insbesondere auch der deutsche Entwurf, von dieser ausgleichenden und versöhnenden Tendenz entfernt sind, soll nunmehr im einzelnen dargelegt werden.

XXI.

Nach dem Römischen Recht wurde derjenige, welcher eine Römische Jungfrau oder eine ehrbar lebende Wittwe zum ausserehlichen Beischlaf verführte, den strengsten Kriminalstrafen unterworfen. Noch weiter ging das kanonische Recht, welches jeden ausserehlichen Beischlaf, wenn der Mann die Geschwächte nicht heiraten konnte oder wollte, mit körperlicher Züchtigung, Exkommunikation und Verweisung in ein Kloster ahndete. Im Anschluss an das kirchliche Recht hat der gemeinrechtliche Gerichtsgebrauch den ausserehlichen Beischlaf mit Geld- und Arreststrafen nach freiem richterlichem Ermessen belegt und die Gesetzgebung der einzelnen deutschen Länder hat diesen Standpunkt noch in den ersten Jahrzehnten dieses Jahrhunderts vielfach festgehalten.

Dagegen ist der ausserehliche Beischlaf nach dem Deutschen Reichsstrafgesetz regelmässig straflos, sofern er mit einer Frauensperson über sechzehn Jahren vorgenommen wird, es wäre denn, dass der Mann zu dem Mädchen in besonderen Verpflichtungsverhältnissen, z. B. als Vormund, Lehrer oder Erzieher steht. Ist aber das Mädchen unter vierzehn Jahren oder wird ein unbescholtenes Mädchen, welches das sechzehnte Lebensjahr noch nicht vollendet hat, von dem Manne zum Beischlaf verführt, so tritt Kriminalstrafe ein. Da jedoch die Fälle, in welchen zwischen dem Mann und der Frauensperson jenes Verpflichtungsverhältnis besteht oder wo das Mädchen das sechzehnte Lebensjahr nicht vollendet hat, zu den seltenen Ausnahmen zählen, so kann man sagen, dass der uneheliche Beischlaf nach dem deutschen Reichsstrafrecht (ebenso wie nach den meisten anderen Strafgesetzbüchern) einer kriminellen Bestrafung überhaupt nicht mehr unterliegt.

Einen ähnlichen Entwicklungsgang wie auf dem Gebiete des Strafrechts können wir in Ansehung der zivilrechtlichen Folgen des unehelichen Beischlafs wahrnehmen. Auch hier ist das kanonische Recht am günstigsten für die geschwächten Frauenspersonen, wie denn überhaupt der Kirche die Anerkennung nicht versagt werden kann, dass sie in dieser wichtigen Frage die Interessen der Armen wirksam vertreten hat. Nach dem kanonischen Recht muss der Mann das geschwächte Mädchen heiraten und ausstatten, während der deutsche Gerichtsgebrauch ihm das Wahlrecht gab, entweder die Geschwächte zu heiraten oder sie mit Geld abzufinden. Diesen Standpunkt teilten dann manche deutsche Landesgesetze bis in die neueste Zeit, wogegen es auch nicht an Gesetzgebungen fehlt, welche der geschwächten Frauensperson jeden Anspruch aus der blossen Thatsache des unehelichen Beischlafes versagten.

Auch nach dem Entwurf soll ein solcher Anspruch und die ihm entsprechende Klage (die sog. Deflorationsklage) nicht stattfinden. Die Motive (Bd. 4, S. 914 u. folg.) sagen ausdrücklich, »dass durch den »ausser der Ehe vollzogenen Beischlaf als solchen für »die Geschwächte und Geschwängerte, auch wenn sie »verführt worden oder die Schwächung oder Schwän»gerung während des Brautstandes von seiten des Ver»lobten erfolgt ist, keinerlei Anspruch, sei es auf eine »Ausstattung oder auf eine Entschädigung, begründet wird.« Dadurch wird selbstverständlich nur der Anspruch der Frauensperson selbst verneint, nicht aber jener des unehlichen Kindes, welches dieselbe etwa geboren hat, wie sich sofort ergeben wird.

Fragt man aber nun, aus welchen Gründen die Verfasser des Entwurfs die in weiten Gebieten Deutschlands zulässige Deflorationsklage beseitigt haben, so ist der durchschlagende Gesichtspunkt, dass die geschwächte Frauensperson in den unehlichen Beischlaf eingewilligt hat, dass aber nach einer Bestimmung des Entwurfes (§ 706) dem Beschädigten, welcher in die beschädigende Handlung eingewilligt hat, ein Anspruch auf Schadenersatz nicht zusteht. Aber die Verfasser der Motive vergessen, dass es sich bei dem unehlichen Beischlaf zum grossen Teil um Mädchen handelt, die noch minderjährig (unter 21 Jahren) und deshalb — um den geschmackvollen Kunstausdruck des Gesetzbuchs zu gebrauchen — »in ihrer Geschäftsfähigkeit beschränkt« sind. Eine solche Minderjährige kann nach dem Entwurf (§ 65) nicht auf das geringste Recht, ja sogar nicht auf einen thatsächlichen Zustand wie den Besitz (§ 809) ohne Zustimmung ihres gesetzlichen Vertreters Verzicht leisten, dagegen kann sie nach demselben Entwurf ihr wichtigstes Gut, nämlich ihre Frauenehre, mit voller Rechtswirkung preisgeben. Sie kann ferner eine Ehe nur mit der Einwilligung ihres gesetzlichen Vertreters eingehen (§ 1232), aber sie kann ohne Bedenken in eine unehliche Geschlechtsgemeinschaft eintreten, obgleich eine solche für ihre künftige Wohlfahrt meistens verderblicher ist, als selbst die unglücklichste Ehe. Kurz, wenn der Entwurf nicht reine Klassengesetzgebung treiben und mit sich selbst in Widerspruch treten will, so muss er die Deflorationsklage zum Mindesten bei den minderjährigen Mädchen zulassen.

Aber auch bei unbescholtenen Mädchen und Witwen, welche das Alter der Grossjährigkeit bereits erreicht haben, ist die Deflorationsklage wohl begründet. Die Motive meinen freilich, dass die Deflorationsklage sich aus allgemeinen Grundsätzen nicht rechtfertigen lasse und deren Zulassung gegenwärtig nur dazu diene, die Unsittlichkeit zu befördern. Aber hat es denn überhaupt einen Sinn, wenn sich ein Gesetzgeber die Frage stellt, ob sich eine Rechtsregel durch allgemeine Prinzipien rechtfertigen lässt? Ein theoretischer Schriftsteller, der einen im Gesetz nicht ausdrücklich ausgesprochenen Rechtssatz verteidigt, wird allerdings jene Frage nicht umgehen können; dagegen hat der Gesetzgeber lediglich die Interessen der verschiedenen Volkskreise gegen einander abzuwägen und darnach allgemeinere und speziellere Bestimmungen zu treffen. Der entscheidende Punkt wird dabei immer sein, ob die Bevölkerungsgruppe, deren Interesse in einer Rechtsregel seinen gesetzlichen Ausdruck finden soll, genügende Macht und Einfluss besitzt, um die übrigen Volkskreise zu deren Anerkennung zu bestimmen.

Aber es ist nicht einmal richtig, dass sich die Deflorationsklage aus allgemeinen Grundsätzen nicht rechtfertigen lässt. Unter die Schadensersatzpflicht lässt sich freilich die Verbindlichkeit des Mannes zur Abfindung der Geschwächten nicht wohl subsumieren und die Motive haben ein leichtes Spiel, wenn sie diese Ansicht bekämpfen. Aber indem das kanonische Recht und der gemeinrechtliche Gerichtsgebrauch den Mann zur Dotation der Geschwächten verpflichten, haben sie den familienrechtlichen Charakter des zwischen Beiden bestehenden Rechtsverhältnisses anerkannt und diesem Standpunkt ist auch der Entwurf, der die uneheliche Geschlechtsgemeinschaft und ihre Folgen in dem Familienrechte behandelt, trotz den abweichenden Ausführungen in den Motiven (IV, 851 ff.) im wesentlichen beigetreten. Auf dem Gebiete des Familienrechtes bietet aber der Unterhaltsanspruch der Frau eine zutreffende Analogie, welcher ja auch in einzelnen Fällen stattfindet, wo eine rechtsgültige Ehe überhaupt nicht vorhanden ist (§ 1258, 1454 d. E.)

Und nun schliesslich die Bemerkung der Motive, dass die Deflorationsklage gegenwärtig nur zur Beförderung der Unsittlichkeit dient! Kaum wäre es der Mühe wert, diesen Gegengrund überhaupt in Betracht zu ziehen, wenn er in der Litteratur über unsere Frage nicht eine so grosse Rolle spielen würde, als ob die Mädchen und Frauen der ärmeren Volksklassen Messalinen wären, die nur darauf lauern, die arglosen Männer in die Netze des unehelichen Beischlafes zu locken. Glücklicherweise stehen aber die körperlichen Reize der Frauen mit ihrer »Geschäftsfähigkeit« im umgekehrten Verhältnis; bei gar zu zweifelloser »Geschäftsfähigkeit« werden sie regelmässig der natürlichen Mittel zur Verführung entbehren. Thatsächlich geht auch in der ungeheuren Mehrzahl von Fällen die Initiative zum unehelichen Beischlaf vom Manne aus und gegen diesen, nicht gegen die Frau, muss das Gesetz seine Drohungen richten. Uebrigens unterliegt es auch keinem Bedenken, dem Manne nach dem Vorbild der gemeinrechtlichen Praxis gegen die Deflorationsklage die Einrede zu gewähren, dass er von der Geschwächten selbst zum Beischlaf verführt worden sei.

Aber um alle diese kleinlichen Spitzfindigkeiten, von welchen die Motive des deutschen Entwurfes und die juristischen Schriften über unsere Frage angefüllt sind, handelt es sich gar nicht in erster Reihe, sondern um die grosse soziale Frage, ob die staatliche Gesetzgebung die Beeinträchtigung des Geschlechtslebens der besitzlosen Volksklassen durch die höheren Stände verhindern will, soweit ihr dies in den Schranken unserer sozialen Ordnung überhaupt möglich ist. Freilich kann man in juristischen Werken über die Ehe, namentlich aus der älteren Zeit, vielfach lesen, dass der »gemeine Mann« bei Schliessung der Ehe auf die Jungfräulichkeit seiner Gattin keinen besonderen Wert lege. Allein je mehr die besitzlosen Volksklassen sich in Bildung und Einfluss emporheben, desto sicherer müssen sie es mit Scham und Bitterkeit empfinden, wenn die Reinheit und Unantastbarkeit ihres Familienlebens zum voraus dem vorübergehenden Vergnügen der Reichen geopfert und wenn ein solcher Recht und Sitte widersprechender Zustand von der Gesetzgebung mit verschränkten Armen betrachtet wird.

XXII.

Nehmen wir an, die Verführung hat stattgefunden und es ist ein uneheliches Kind geboren worden. Welches ist nun die Lage der Mutter und des Kindes?

Am einfachsten ist die Sache in dem französischen Gesetzbuch (Art. 340) und seinen Nachbildungen geordnet. Nach dem französischen Recht ist die Erforschung der unehelichen Vaterschaft untersagt oder mit anderen Worten, weder die uneheliche Mutter noch auch das Kind haben an den Vater irgend einen Anspruch. Dafür kann die Mutter das uneheliche Kind ohne jede Verantwortlichkeit in ein Findelhaus stecken, wo dasselbe auf öffentliche Kosten erhalten wird. Weiter kann wohl die Einseitigkeit und Parteilichkeit zu Gunsten der besitzenden Volksklassen nicht mehr getrieben werden, als wenn der Staat oder die staatlichen Verbände die Kosten für die Ausschweifungen der wohlhabenden Männer übernehmen. Die Redner, welche den Art. 340 des französischen Gesetzbuchs im gesetzgebenden Körper und im Tribunat zu vertreten hatten, machten auch gar kein Hehl daraus, dass es sich darum handle, die Vermögens- und Familieninteressen der Wohlhabenden gegen die besitzlosen Volksklassen zu schützen.

Die Bestimmung des französischen Gesetzbuchs ist so auffallend ungerecht und einseitig, dass sie nur als Rückschlag gegen eine entgegengesetzte Uebertreibung der revolutionären Gesetzgebung verstanden werden kann. Der französische Konvent, wohl die einzige parlamentarische Versammlung, welche wenigstens bis zum Sturze des Jakobinertums den proletarischen Standpunkt mit Entschiedenheit vertreten hat, erkannte sehr bald, welch' ungeheures Interesse die besitzlosen Volksklassen an einer gerechten Regelung des Rechtsverhältnisses der unehelichen Kinder haben. Daher wurde der schon im älteren französischen Recht anerkannte Unterhaltsanspruch gegen den unehelichen Vater durch die revolutionäre Gesetzgebung nicht nur aufrecht erhalten, sondern der Konvent fasste sogar in seiner Sitzung vom 4. Juni 1793 den prinzipiellen Beschluss, dass die unehelichen Kinder ein Erbrecht an der Verlassenschaft ihres Vaters und ihrer Mutter haben sollen. Wenige Monate später wurde durch das Gesetz v. 12. brumaire II (2. Nov. 1793) bestimmt, dass ihnen dieselben gesetzlichen Erbrechte an dem Vermögen ihres Vaters und ihrer Mutter zustehen sollen wie den ehelichen Kindern, ja es wurde in diesem Gesetz sogar ein wechselseitiges Intestaterbrecht zwischen dem unehelichen Kinde und den Seitenverwandten von väterlicher und mütterlicher Seite anerkannt, sofern der Erblasser Erben in auf- und absteigender Linie nicht zurücklassen sollte.

Es ist klar, dass durch dieses Gesetz die ehelichen und unehelichen Kinder in den wichtigsten Beziehungen fast gleichgestellt wurden. Darin ist aber der Konvent ohne Zweifel zu weit gegangen und hat durch diese Uebertreibung den späteren Rückschlag verschuldet. Denn so lang Eigentum und Ehe in ihrer heutigen Form bestehen, ist eine auch nur annähernde Gleichstellung der ehelichen und unehelichen Kinder ohne Erschütterung jener beiden Rechtsinstitute unmöglich und die höheren Stände können deshalb auch nur durch straf- und vermögensrechtliche Nachteile von Eingriffen in das Geschlechtsleben der besitzlosen Volksklassen zurückgehalten werden. Will man weiter gehen, so muss man vor allem zur Umbildung der Eigentumsordnung schreiten, welche ja die soziale Grundlage des ganzen Unterschiedes zwischen ehelichen und unehelichen Kindern bildet. Darin bestand ja eben der grosse Widerspruch, in welchem sich der Konvent fortwährend bewegte, solange er überhaupt den proletarischen Standpunkt vertrat: dass er das Privateigentum in seiner überlieferten Form aufrecht halten, zu gleicher

Zeit aber die besitzlosen Klassen vor den politischen und sozialen Nachteilen schützen wollte, welche mit diesem Recht unvermeidlich verbunden sind.

Der deutsche Gerichtsgebrauch und die meisten Landesgesetzgebungen stehen auf einem ganz anderen Standpunkt als das französische Gesetzbuch, indem sie dem unehelichen Kinde einen Unterhaltsanspruch gegen den Vater zuerkennen; selbst solche Gesetzgebungen, welche wie die badische das französische Zivilrecht im grossen und ganzen angenommen haben, teilen doch in Beziehung auf unsere Frage die deutsche Auffassung. Besonders rühmlich muss in dieser Richtung das preussische Landrecht hervorgehoben werden, dessen grosse Urheber hier wie in so zahlreichen anderen Fällen gezeigt haben, wie günstig sie den Interessen der Armen und Bedrängten gesinnt waren. Vielleicht ist es mir gestattet, die (gegenwärtig aufgehobenen) Bestimmungen dieses Gesetzbuchs über die Rechtsfolgen des unehelichen Beischlafs in den äussersten Umrissen darzustellen, damit jeder Leser dieselben mit dem Entwurf eines deutschen bürgerlichen Gesetzbuchs vergleichen kann. Ein solcher Vergleich wird dann deutlich zeigen, wie die altpreussische Gesetzgebung sich zu den Interessen des damals noch ganz einflusslosen Proletariats in einer so wichtigen Frage gestellt hat, und wie die Verfasser des Entwurfs dieselbe Frage in einer Zeit lösen wollen, wo die besitzlosen Klassen in der gesamten Kulturwelt eine gewaltige politische Bedeutung erlangt haben.

Das preussische Landrecht gewährt der Geschwächten einen Anspruch an den Mann nur in dem Falle, wenn eine unbescholtene ledige Frauensperson oder Witwe ausserehelich geschwängert worden ist; durch einen ohne Folgen gebliebenen ausserehelichen Beischlaf wird der Mann in keiner Weise verpflichtet. Im Falle einer ausserehelichen Schwängerung hat aber der Mann die Geschwächte nach ihrem Stande und nach seinem Vermögen abzufinden, doch darf der Betrag der Abfindung niemals den vierten Teil des Vermögens des Schwängerers übersteigen (A. Pr. L.R. II, 1, § 1015, 1032, 1033, 1061, 1065, 1069, 785). Auch kann die Geschwächte von dem Schwängerer Ersatz der durch die Entbindung verursachten Kosten verlangen (P. L.R. II, 1, § 1016 ff.).

Dem unehelichen Kinde steht nach dem Preussischen Landrecht ein Anspruch gegen den Vater auf Unterhalt und Erziehung zu und zwar ohne Rücksicht, ob die Mutter eine unbescholtene Person gewesen ist, jedoch jedenfalls nur in dem Betrage, welchen die Erziehung eines ehelichen Kindes Leuten vom Bauern- oder gemeinen Bürgerstande kosten würde. Die Einwendung, dass der Mutter während der Empfängniszeit mehrere Männer beigewohnt haben, ist nicht zulässig, vielmehr kann der Vormund diese nach einander in einer von ihm bestimmten Reihenfolge verklagen (A. L.R. II, 2, § 612, 619, 620, 626).

Noch weit günstiger sind die Bestimmungen des Preussischen Landrechts für Kind und Mutter in dem Falle, wenn die aussereheliche Schwängerung unter der Zusage einer künftigen Ehe stattgefunden hat. In diesem Falle hat der Richter der Geschwächten regelmässig den Namen, Stand und Rang des Schwängerers sowie überhaupt alle Rechte einer geschiedenen, für den unschuldigen Teil erklärten Ehefrau zuzuerkennen

(A. L.R. II, 1 § 1035, 1037 ff.). Auch das von der Geschwächten geborene Kind hat die Rechte der aus einer vollgültigen Ehe erzeugten Kinder (A. L.R. II, 2 § 592 ff.). Diese Kinder haben dann natürlich auch ausnahmsweise ein Erbrecht in das Vermögen ihres Vaters. Dieselben Rechtsfolgen wie bei einer unter der Zusage der Ehe erfolgten Schwängerung treten für Mutter und Kind auch dann ein, wenn der Beischlaf durch eine Notzucht bewerkstelligt worden ist, ja diese finden hier selbst dann Anwendung, wenn die durch die Notzucht erzwungene Beiwohnung zur Geburt eines Kindes nicht geführt hat (A. L.R. II, 1, § 1115, 1116; II, 20, § 1048 ff.) [1]).

Ich glaube, dass das allgemeine Landrecht mit diesen Bestimmungen, welchen noch einige andere anzureihen wären, die Linie zwischen den Interessen der besitzenden und der besitzlosen Klassen im grossen und ganzen richtig gezogen hat. Es vermeidet die Uebertreibungen der Gesetzgebung des Konvents, indem die unehelichen Kinder regelmässig kein Erbrecht in das Vermögen ihres Vaters haben (A. L.R. II, 2, § 647 ff.); aber es sorgt zugleich dafür, dass die uneheliche Mutter nicht infolge ihres Fehltritts in Verzweiflung gestürzt wird, und dass das Kind nicht von vornherein zur Zuchthauspflanze aufwachsen muss.

Selbstverständlich wurden die Bestimmungen des Landrechts über unsere Frage von den besitzenden Klassen seit jeher mit scheelen Augen betrachtet. Gleich ursprünglich wurden die ersten drei Titel des

1) Ueber die zahlreichen Streitfragen, welche die obenerwähnten Bestimmungen des Preussischen Landrechts verursacht haben, vgl. Bornemann, Preuss. Zivilrecht, 5. Bd., 2. Aufl. (1845) S. 327 ff.

zweiten Teils des Preussischen Landrechts, welche auch die Normen über die unehelichen Kinder enthalten, nur zögernd und nicht in allen Landesteilen in Wirksamkeit gesetzt und auch später wurden diese Bestimmungen in der Theorie und in der Praxis lebhaft angefochten. Angesehene Juristen erklärten offen, »dass das allgemeine Landrecht zu gunsten der Weibspersonen alles billige Mass überschreitet«. Als dann nach dem Sturz des absoluten Königtums in Preussen die gesellschaftlichen Interessen der besitzenden Klassen in dem Landtag ein Organ erhielten, wurden die Bestimmungen des Landrechts durch das Gesetz vom 24. April 1854 von Grund aus umgeändert. Der wesentliche Inhalt dieses Gesetzes, durch welches im grossen und ganzen die Grundsätze des französischen Gesetzbuchs unter dem Scheine einer Aufrechthaltung des alten deutschen Gerichtsgebrauchs eingeführt wurden, soll im nächsten Abschnitt besprochen werden.

XXIII.

Der Entwurf eines deutschen bürgerlichen Gesetzbuchs hat in Beziehung auf unsere Frage die deutsche Auffassung, jedoch mit beträchtlichen Einschränkungen angenommen. Zum Unterhalt eines unehelichen Kindes ist nämlich der Vater vor der Mutter und den übrigen Verwandten desselben verpflichtet. Als unehelicher Vater gilt aber derjenige, welcher während der Empfängniszeit — d. i. während der Zeit von dem einhunderteinundachzigsten bis zu dem dreihundertsten Tage vor dem Tage der Geburt des Kindes — mit der Mutter des Kindes den Beischlaf vollzogen hat, es sei denn, dass innerhalb dieser Zeit auch von einem Andern der Beischlaf mit der Mutter vollzogen ist (1571, 1572 d. Entw.). Der legislative Gedanke, welcher diesen Bestimmungen zu Grunde liegt, ist also, dass ein Anspruch des unehelichen Kindes nur dann anerkannt werden soll, wenn die Zeugung desselben durch den unehelichen Vater zweifellos ist; die Einwendung der mehreren Beischläfer (die sog. exceptio plurium constupratorum) ist ausdrücklich zugelassen.

Diese Einrede der mehreren Beischläfer, welche der deutsche Entwurf aufgenommen hat, gehört zu den zahlreichen Massregeln, welche ohne Zweifel die Wirkung haben, den besitzlosen Volksklassen die ohnedies kümmerlichen Vorteile unseres Rechtsinstituts zum grossen Teile wieder zu entziehen. Ich kann hier nicht auf die vielen Einreden, Vermutungen und Beweisregeln eingehen, welche juristischer Scharfsinn in dieser Absicht erfunden hat. Nur zwei Punkte will ich nach Anleitung des schon oben erwähnten Preussischen Gesetzes vom 24. April 1854 hervorheben, weil es immerhin möglich ist, dass die Anschauungen, welche diesem Gesetze zu Grunde liegen, auch bei der Beratung des deutschen bürgerlichen Gesetzbuchs sich geltend machen werden.

Das heutige preussische Recht versagt also zunächst dem unehelichen Kind den Unterhaltsanspruch gegen den Vater, wenn die Mutter eine bescholtene Person ist. Schon das muss Wunder nehmen, dass ein sittlicher Mangel der Mutter ihr Kind seines Anspruches berauben soll. Das Befremden aber wächst, wenn man liest, welche Thatsachen nach der Ansicht des Gesetzgebers den Vorwurf der Bescholtenheit gegen die Mutter begründen sollen. Denn schon die Thatsache, dass sie für die Gestattung des Beischlafs Bezahlung in Geld oder Geschenken angenommen hat, muss dem Richter genügen, um die Bescholtenheit mit allen ihren verderblichen Konsequenzen für die Wohlfahrt des Kindes als festgestellt anzunehmen.

Man kann ohne Uebertreibung sagen, dass schon durch diese Bestimmung allein die meisten aus dem Umgang von wohlhabenden Männern und armen Mädchen entsprossenen unehelichen Kinder ihres Unterhaltsanspruches beraubt und dadurch der Verkümmerung oder dem Untergang preisgegeben werden. Denn Jeder, der in Schwängerungsprozessen einige Erfahrung hat, wird bestätigen, dass die Hingabe eines armen Mädchens an einen wohlhabenden Mann in der Volkssitte als ein Opfer betrachtet und von diesem regelmässig in irgend einer Form belohnt wird. Dies ist aber doch die »Bezahlung in Geschenken«, wenn anders dieser unklar und widerspruchsvoll gefasste Ausdruck überhaupt einen Sinn haben soll. Ja eine Praxis des vormaligen preussischen Obertribunals, welche freilich bei der krassen Einseitigkeit dieser Sätze nicht konsequent war, nahm sogar an, dass Alles, was eine Frauensperson von dem Manne, welchem sie den Beischlaf gestattet oder gestattet hat, annimmt, unter jenen Begriff fällt und dass es auch gleichgültig ist, ob die Belohnung vor oder während der Empfängniszeit von dem angeblichen Schwängerer oder von einem Dritten gegeben wurde. Rechnet man noch dazu, dass es sich in solchen Fällen meistens um Mädchen aus den besitzlosen Klassen handelt, welche die Normen des Privatrechts in keiner Weise kennen und die deshalb auch die verhängnisvolle Bedeutung der angenommenen Gabe für sich und ihr Kind nicht ermessen können, so entrollt sich uns das Bild einer sozialen Einseitigkeit, welche kaum mehr überboten werden kann.

Die zweite Thatsache, welche nach dem Gesetz vom 24. April 1854 die Einrede der Bescholtenheit begründen soll, besteht darin, dass die Geschwängerte »wegen unzüchtigen Lebenswandels berüchtigt ist.« Auch diese Bestimmung ist fast ausschliesslich gegen die besitzlosen Volksklassen gerichtet. Denn fehlt es schon bei den wohlbewachten Frauen der höheren Stände nicht an übler Nachrede, so werden von den Mädchen der besitzlosen Volksklassen, welche sich ihren Unterhalt in der Welt verdienen müssen und deshalb tausendfältiger Verführung preisgegeben sind, nur wenige Tugendmuster solchen Gerüchten entgehen. Schon der Umstand aber, dass Gerüchte über unzüchtigen Lebenswandel der Geschwängerten verbreitet sind oder waren, genügt, um die Mutter und das Kind aller Ansprüche gegen den Schwängerer zu berauben, auch wenn Thatsachen, welche diesen Ruf begründen, in keiner Weise angegeben werden können. Natürlich benützen die von der Mutter oder dem Kinde in Anspruch genommenen Männer diese von dem Gesetz gebotene Handhabe, um sich leichten Kaufes von einer beschwerlichen Verbindlichkeit zu befreien und es fällt ihnen nicht schwer, in den der Mutter nahestehenden Kreisen üble Nachreden in beliebiger Menge zu sammeln, so dass die Schwängerungsprozesse, wie angesehene preussische Praktiker klagen, von Unflat und Gemeinheiten förmlich triefen.

Es ist unnötig, diese Darstellung fortzusetzen, da

die Wirkungen des Gesetzes sich schon aus dem Gesagten ergeben. Das Gesetz verlangt eben von den armen, ungebildeten und der Verführung in jeder Form preisgegebenen Mädchen der besitzlosen Volksklassen dasselbe Mass von Sittlichkeit, welches von den wohlbewachten und im Luxus lebenden Mädchen der höheren Stände mit Recht erwartet werden kann und zwar lediglich zu dem Zwecke, um den wohlhabenden Männern die Bethätigung des geringsten Masses von Sittlichkeit und Menschlichkeit zu ersparen. Diese Einseitigkeit hat der bekannte Brüggemann während der Beratungen in der ersten Kammer, welche später zu dem Gesetz vom 24. April 1854 führten, in den folgenden Worten gekennzeichnet.

Es ist wahr, sagte der Redner, wenn der Hirt und die Herde weiss, dass der Wolf sie umschleicht, dann ist die Herde scheuer und der Hirt vorsichtiger. Ich habe aber noch nicht gehört, dass die Besitzer grosser Herden Scharen von Wölfen in die Nähe der Herden gebracht haben, um die Aufmerksamkeit der Hirten dadurch zu erhöhen, und wenn das Eigentum sorgfältiger bewahrt wird, wenn man es räuberischen Angriffen ausgesetzt weiss, so wird doch niemand den Vorschlag machen, die Diebe frei und ungestraft zu lassen, damit das Eigentum gesicherter sei und sorgfältiger bewacht werde. Wir befreien von allen Fesseln und steigern die Angriffslust des männlichen Geschlechts und zur Rechtfertigung sagen wir, damit der weibliche Teil um so vorsichtiger, um so sittlicher werde.

XXIV.

Neben der Bescholtenheit kann sich der Schwängerer nach dem Gesetz vom 24. April 1854 gegen die Klage des Kindes auf Gewährung des Unterhalts auch damit verteidigen, dass die Geschwängerte während der Empfängniszeit mit mehreren Mannspersonen den Beischlaf vollzogen habe (die sog. exceptio plurium concumbentium oder constupratorum). Ich will diesen Verteidigungsgrund, welchen man in deutschen juristischen Werken als die Einrede der mehreren Beischläfer bezeichnet, in der vorliegenden Abhandlung die Einrede der Untreue während der Empfängniszeit nennen.

Während der Entwurf eines deutschen bürgerlichen Gesetzbuchs der Bescholtenheit der Mutter keine aufhebende Wirkung auf den Anspruch des Kindes einräumt, hat derselbe, wie aus den im vorigen Abschnitt mitgeteilten Auszügen hervorgeht, die Einrede der Untreue allerdings zugelassen. Scheinbar ist diese Einrede besser in der Natur der Sache begründet als die Einrede der Bescholtenheit; in Wirklichkeit sollen aber durch beide Verteidigungsgründe die Interessen der besitzenden Volksklassen auf Kosten der Armen begünstigt werden.

Ziehen wir zunächst den sozialen Hintergrund der Einrede der Untreue in Betracht, da die juristischen Konstruktionen und Begründungen doch nur den Zweck haben, den Rechtsregeln, durch welche das Interesse bestimmter Volksgruppen seinen äusseren Ausdruck erhält, den Schein rechtlicher Konsequenz zu verleihen.

Durch die Einrede der Untreue wird, wenn man alles juristische Beiwerk abstreift, an die Geschwängerte der Anspruch gestellt, dass sie dem Manne, welcher mit ihr ein oder mehrere male den ausserehelichen Beischlaf vollzogen hat, während der Empfängniszeit (s. oben XXIII.) die Treue bewahren soll. Diese Treue kann man nun den Mädchen der besitzenden Klassen ohne Bedenken zumuten, da durch ihre gesellschaftliche Stellung die Verführung zurückgehalten und etwaige sittliche Mängel durch eine sorgfältige Ueberwachung unschädlich gemacht werden. Stellt man aber denselben Anspruch an Mädchen der besitzlosen Volksklassen, so mutet man ihnen eine Willenskraft und eine sittliche Haltung zu, die naturgemäss nur einer bevorzugten Minderheit eigen sein kann. Denn sie müssen meistens in einem Lebensalter, in welchem ihr Urteil noch nicht durch die Erfahrung gereift ist, ihren Lebensunterhalt ausserhalb des Elternhauses in der grossen Welt suchen, wo auf sie die Verführung in tausendfältigen Formen lauert. Betrachten doch die Armen mit vollem Recht nicht ihre dürftige Lebensführung, sondern die Notwendigkeit, ihre Kinder in früher Jugend der Gefahr des physischen und moralischen Verderbens preiszugeben, als die bitterste Folge ihrer Armut. Eine Frage aber, welche, wie die unsrige, vorzüglich die Frauen der besitzlosen Volksklassen betrifft, muss man vom Standpunkt dieser Volkskreise und der für sie geltenden sozialen Notwendigkeiten zu lösen versuchen.

Noch augenfälliger wird die Ungerechtigkeit der Einrede der Untreue, wenn man annimmt (was ja im praktischen Leben die Regel bildet), dass die Unterhaltsklage von dem Kinde eines armen Mädchens gegen einen wohlhabenden Mann eingebracht wird. Es ist bekannt, dass die den besitzenden Klassen angehörigen

Männer von ihren ausserehelichen Geschlechtsverhältnissen meistens eine grobsinnliche Auffassung haben und im unehelichen Beischlaf kaum mehr als ein vorübergehendes Vergnügen erblicken. Andrerseits fehlt auf seiten des Weibes in solchen Fällen vollständig die wirksamste Triebfeder zur Treue, nämlich die Aussicht auf die Ehe mit dem Manne, weil Ehen in den weitaus meisten Fällen nur zwischen Personen der nämlichen Lebensstellung geschlossen werden. Wenn nun der Gesetzgeber verlangt, dass der eine Teil und zwar gerade das arme und ungebildete Mädchen ein solches Verhältnis als ein sittliches auffassen und dem anderen Beteiligten die Treue bewahren soll, so ist dies die krasseste Einseitigkeit. Und doch stellen so viele Privatrechte, darunter der deutsche Entwurf, an das Mädchen die Anforderung, dass sie dem Manne die Treue in weiterem Umfange zu bewahren hat, als eine in gesetzlicher Ehe angetraute Ehegattin, wenn anders das Kind nicht durch Verweigerung des Unterhaltsanspruches dem Mangel und der Verkümmerung preisgegeben werden soll.

Denn, seltsam genug, die Einrede der Untreue gilt nach dem Entwurf nur für die aussereheliche Geschlechtsgemeinschaft, nicht für die legitime Ehe. Der Mann, welcher während der Empfängniszeit die Gunst seiner Ehegattin mit anderen geteilt hat, darf jene Einrede dem Kinde nicht entgegensetzen, sondern muss dasselbe als eheliches anerkennen und erhalten. »Hat »der Ehemann seiner Ehefrau in der Empfängniszeit »beigewohnt, sagen die Motive, so ist, wenn man von »ganz seltenen und deshalb keine besondere Berück»sichtigung verdienenden Fällen absieht, die Möglich-

»keit, dass der Ehemann der Vater des Kindes ist, auch »dann nicht ausgeschlossen, wenn die Ehefrau sich des »Ehebruches schuldig gemacht hat und zugleich andere »Indizien mehr oder weniger auf die Vaterschaft eines »Dritten hindeuten. Es ist aber als ein geringeres »Uebel und als ein geringeres Unrecht anzusehen, wenn »ausnahmsweise ein wirklich uneheliches Kind als Kind »des Ehemannes, als wenn ein in Wirklichkeit eheliches »Kind als ein uneheliches Kind behandelt wird (Motive IV. S. 654).

Ich frage nun jeden unbefangenen Beurteiler, ob man diese allgemeinen Redensarten nicht auch und zwar mit dem zehnfachen Gewichte für die unehelichen Kinder anführen kann? Denn das, was die Verfasser des Entwurfes zur Begründung des Unterschiedes zwischen den ehelichen und den unehelichen Kindern noch im weiteren Verlaufe der Motive (IV, 885) anführen: das Interesse der Würde der Ehe und der Erhaltung des Familienstandes, kann unmöglich ernst genommen werden. Die Würde einer Ehe, welche nachweisbar gebrochen worden ist und gegen welche das Gesetz in diesem Falle den Skandal einer Scheidung gestattet (§ 1441 d. E.) ist kaum mehr als eine sinnlose Phrase und die Voraussetzungen des Familienstandes ehelicher Kinder sollten, eben weil das Gesetz an dieselben für den Vater und die Verwandten so bedeutsame Rechtsfolgen knüpft, nach aller Analogie mit doppelter Strenge behandelt werden.

In Wirklichkeit sind auch hier die sozialen Machtverhältnisse der entscheidende Grund. Denn für das von der Ehefrau geborene Kind sind in solchen zweifelhaften Fällen seit jeher die Blutsverwandten derselben eingetreten, die an gesellschaftlicher Lebensstellung dem Ehemann meistens gleichstehen und deshalb einen wirksamen Einfluss ausüben können, welcher bei den von dürftigen Frauenspersonen geborenen unehelichen Kindern gegenüber dem wohlhabenden Manne eben immer gefehlt hat. Daraus ist dann bei den Römern der Satz: Pater est quem nuptiae demonstrant für die ehelichen und im deutschen Gerichtsgebrauch die exceptio plurium constupratorum für die unehelichen Kinder entstanden.

Wenn man also das Privatrecht nicht lediglich vom Standpunkt der besitzenden Volksklassen betrachtet, so sollte gerade in der Ehe und in den dieser nahestehenden ausserehelichen Geschlechtsverhältnissen die Einrede der Untreue in Ansehung der Kinder gewährt werden. Wenn zwei Personen von gleicher Lebensstellung, bei welchen die Aussicht auf eine Ehe nicht ausgeschlossen ist, in dauernder Geschlechtsgemeinschaft stehen, so kann in der That ohne Ungerechtigkeit Treue verlangt und die Einrede der Untreue zugelassen werden. Da sich jedoch die Voraussetzungen dieser Ausnahme schwerlich mit genügender Bestimmtheit feststellen lassen, so entspricht es jedenfalls am besten den Anforderungen der Gerechtigkeit, wenn man die Einrede der Untreue gegenüber dem Unterhaltsanspruche des unehelichen Kindes überhaupt nicht gestattet.

Diese sozialen Beziehungen unserer Frage erscheinen mir ungleich wichtiger als die »juristischen« Gründe, welche die Motive für die Zulassung der Einrede der Untreue anführen. Im wesentlichen lassen sich diese dahin zusammenfassen, dass der Beischlaf mehrerer Männer während der Empfängniszeit die Vaterschaft unsicher macht, dass aber der Unterhaltsanspruch des Kindes nur an die wirkliche, ja notwendige Vaterschaft zu knüpfen sei. »Es kann nicht zweifelhaft sein, sagen »die Motive, dass vom Standpunkt der juristischen Kon»sequenz aus die Thatsache, dass innerhalb der Em»pfängniszeit die Mutter mit mehreren den Beischlaf »vollzogen hat, als erheblich erachtet werden muss. »Das die Grundlage der Unterhaltspflicht bildende na»türliche Verhältnis zwischen dem Kinde und dem Kon»kumbenten ist in einem solchen Falle nicht feststell»bar und deshalb für das Recht nicht vorhanden« (Motive IV, 885).

Die sozialpolitische Seite unserer Frage habe ich bereits oben behandelt. Hier ist nur meine Aufgabe nachzuweisen, dass die »juristische Konsequenz« den Gesetzgeber niemals verhindert hat, ganz ähnliche Fälle in einem entgegengesetzten Sinne zu entscheiden, wenn nicht, wie hier, widersprechende Interessen der besitzenden und besitzlosen Volksklassen, sondern allgemeine Interessen der körperlichen Sicherheit und des Vermögens in Frage stehen.

In unserem Falle haben mehrere eine unsittliche, ja rechtswidrige Handlung vollzogen und aus dieser ist ein von den Beteiligten nicht gewollter Erfolg hervorgegangen, in Betreff dessen die Urheberschaft nicht festgestellt werden kann. Unsere Strafgesetzbücher tragen kein Bedenken, bei einer solchen Sachlage schwere Kriminalstrafen zu verhängen. Ist z. B. durch eine Schlägerei oder durch einen von mehreren gemachten Angriff der Tod eines Menschen oder eine schwere Körperverletzung verursacht worden, so ist nach dem deutschen Strafgesetzbuch (§ 227) jeder, welcher sich an der Schlägerei oder dem Angriffe beteiligt hat, schon wegen dieser Beteiligung mit Gefängnis bis zu drei Jahren zu bestrafen, falls er nicht ohne sein Verschulden hereingezogen wird. Hier argumentiert also der Gesetzgeber nicht wie bei dem unehelichen Beischlaf: Weil die Beteiligung an einer Schlägerei an sich nicht strafbar ist und der ursächliche Zusammenhang zwischen dem erfolgten Tode oder der schweren Körperverletzung und einem bestimmten Thäter nicht festgestellt werden kann, so müssen alle Beteiligten ohne Strafe davonkommen; sondern er bestimmt ganz vernünftig und sachgemäss, dass eben wegen dieser Ungewissheit alle an der Schlägerei Beteiligten bestraft werden sollen.

Aber noch mehr! Auch die Verfasser des Entwurfs sind weit entfernt, in ihrer »juristischen Konsequenz« konsequent zu sein. Haben nämlich mehrere durch gemeinsames Handeln, sei es als Anstifter, Thäter oder Gehilfen, einen Schaden verschuldet, so haften sie nach dem Entwurf (§ 714) als Gesamtschuldner. Das Gleiche gilt auch dann, wenn im Falle eines von mehreren verschuldeten Schadens von den mehreren nicht gemeinsam gehandelt wurde, der Anteil des einzelnen an dem Schaden aber nicht zu ermitteln ist. In diesem letzteren Falle lässt sich der ursächliche Zusammenhang zwischen der Handlung des einzelnen und dem dadurch bewirkten Erfolg ebenso wenig herstellen, wie bei dem unehelichen Beischlaf; vielmehr ist dort wie hier nur feststehend, dass alle Thäter zusammen jedenfalls das Resultat hervorgebracht haben (vgl. die Motive II, 738). Da es sich jedoch bei solchen Vermögensbeschädigungen regelmässig um Interessen der besitzenden Klassen handeln wird, so tragen die Verfasser des Entwurfes nicht das mindeste Bedenken, alle Beteiligten und zwar als Gesamtschuldner für haftbar zu erklären (§ 714 d. E.).

Die angeführten Beispiele werden wohl genügen, um jeden Unbefangenen zu überzeugen, dass es sich bei der Einrede der Untreue keineswegs um die Wahrung der »juristischen Konsequenz«, sondern einfach um eine Begünstigung der Geschlechtsinteressen der besitzenden Volksklassen handelt. Und zwar eines Teils derselben, der diese Begünstigung gewiss am wenigsten verdient.

Schliesslich möchte ich noch auf eine mehr prozessuale, aber doch sehr wichtige Frage aufmerksam machen. Bisher musste in den meisten Ländern, in welchen die Einrede der Untreue zugelassen ist, das uneheliche Kind in dem Unterhaltsprozess nur die von dem Beklagten während der Empfängniszeit vollzogene Beiwohnung, der Beklagte dagegen den Beischlaf anderer Männer während derselben Zeit nachweisen. Jetzt aber soll dem Kinde, wie aus der Fassung des § 1572 des Entwurfs und aus den Motiven (IV, 869) unzweifelhaft hervorgeht, überdies auch der Beweis aufgelegt werden, dass seine Mutter während der Empfängniszeit anderen Männern, als dem Beklagten, den Beischlaf nicht gestattet hat. Ich glaube, dass diese schmähliche und allen sonstigen Analogien widersprechende Beweisführung schon an und für sich die besseren unter den verführten Mädchen bestimmen wird, den Vormund des Kindes von der Einbringung der Unterhaltsklage abzuhalten und dessen Ernährung ganz auf die eigenen Schultern zu nehmen. In den Fällen aber, wo gleichwohl die Unterhaltsklage eingebracht werden sollte, wird der Beklagte gegenüber dem Beweise des Kindes schon aus prozessualischer Vorsicht alle Thatsachen und Indizien zusammenhäufen, aus welchen etwa die Untreue der Mutter hervorgehen kann und so wird in solchen Prozessen des Schmutzes und der Gemeinheit kein Ende sein. Freilich wird meistens von dem Gericht die Oeffentlichkeit dieser Prozessverhandlungen ausgeschlossen werden; aber die Kunde von so pikanten Rechtsstreiten wird nur allzu schnell durch die Zeugen und andere Beteiligte in den unteren Volksklassen verbreitet. Ob es aber in unserer Zeit ratsam ist, solche Schmutzprozesse, bei welchen den besitzenden Klassen gerade keine beneidenswerte Rolle zugewiesen ist, durch die Gesetzgebung geradezu zu erzwingen, mag sich jeder selbst beantworten.

XXV.

Betrachten wir nun noch das Mass der Ansprüche, welche der Mutter und dem Kinde aus dem unehelichen Beischlaf gegenüber dem Manne zustehen. Schwerlich wird es ein Gesetz geben, welches in der Verkümmerung dieser Ansprüche weiter geht, als der deutsche Entwurf.

Was zunächst den Anspruch der Geschwächten betrifft, so habe ich schon oben (XXI) dargelegt, dass der aussereheliche Beischlaf an sich, wenn er nicht zur Geburt eines Kindes geführt hat, für die Geschwächte gar keinen Anspruch begründet. Hat dieselbe aber ein Kind geboren, so ist der Vater des unehelichen Kindes verpflichtet, ihr innerhalb der Grenzen der Notdurft sowohl wegen der Kosten der Entbindung als wegen der Kosten des Unterhalts während der ersten sechs Wochen nach der Geburt des Kindes Ersatz zu leisten (§ 1577 d. Entw.). Auf diese kümmerlichen Leistungen beschränkt sich der Anspruch der Geschwängerten selbst dann, wenn der Beischlaf unter dem Versprechen der Ehe stattgefunden hat, in welchem Falle das Preussische Landrecht der Geschwächten, wenn keine Ehehindernisse vorhanden sind, die Rechte einer geschiedenen und für den unschuldigen Teil erklärten Ehefrau zuerkennt. Ja die Leistungen des Mannes erhöhen sich selbst dann nicht, wenn der aussereheliche Beischlaf nur durch ein Verbrechen oder durch eine andere strafbare Handlung möglich geworden ist. In allen diesen Fällen wird die Geschwängerte ausser den Entbindungskosten eine Entschädigung nur dann ansprechen können, wenn sie einen wirklich erlittenen Vermögensschaden nachzuweisen vermag, was regelmässig nicht der Fall sein wird (§ 221 d. Entw. und Mot. II, 753). Nur bei einigen der schwersten Sittlichkeitsverbrechen, z. B. bei der Notzucht kann der geschwächten Frauensperson von dem Gericht auch ohne Nachweis eines Vermögensschadens nach freiem Ermessen eine billige Geldentschädigung zugesprochen werden (§ 728 d. Entw. und § 176, 177, 179, 182 des Reichsstrafg.).

Was nun zweitens die Ansprüche des Kindes betrifft, so hat der Vater demselben in jedem Falle nur den notdürftigen Unterhalt und diesen nur bis zur Zurücklegung des vierzehnten Jahres zu gewähren (§ 1573 d. Entw.). Auf diesen notdürftigen Unterhalt beschränkt sich die Verpflichtung des unehelichen Vaters auch dann, wenn der aussereheliche Beischlaf unter dem Versprechen der Ehe erfolgt ist, in welchem

Falle das Preussische Landrecht, wie bereits oben dargelegt wurde, dem Kind regelmässig alle Rechte der ehelichen Geburt zuerkennt. Ja, was man für unmöglich halten sollte, was aber nach dem Entwurfe zweifelloses Recht sein wird: selbst wenn der aussereheliche Beischlaf durch eine Notzucht oder durch ein anderes schweres Sittlichkeitsverbrechen herbeigeführt worden ist, behält es bei dem notdürftigen Unterhalt sein Bewenden.

Man erwäge nun, in welche furchtbare Lage durch den Entwurf gerade die Besten unter den ärmeren Mädchen gegenüber reichen und vornehmen Wüstlingen gebracht werden, die zur Befriedigung ihrer Lüste selbst vor einer Notzucht oder einem anderen Sittlichkeitsverbrechen nicht zurückscheuen. Denn leider ist es nur allzu wahr, dass meistens die schönsten und tugendhaftesten Mädchen der besitzlosen Volksklassen, welche das Verbrechen lohnen und nur durch ein Verbrechen zu gewinnen sind, die Opfer dieser nichtswürdigen Attentate bilden, die der Natur der Sache nach viel häufiger begangen als in den Gerichten geahndet werden. Würde das bürgerliche Recht nach dem Muster des Preussischen Landrechts dafür Sorge tragen, dass in solchen Fällen der Mutter wie dem Kinde das Recht der Ehlichkeit zuerkannt und auf solche Weise die Ehre des Opfers thatsächlich wieder hergestellt wird, so würden derartige Sittlichkeitsverbrechen in den meisten Fällen von den Beteiligten zur Kenntnis der Gerichte gebracht und dadurch der Wiederholung derselben am wirksamsten vorgebeugt werden. So aber, da nach dem Entwurf dem Opfer eines schimpflichen Verbrechens im besten Falle eine »billige Geldentschädigung«, ihrem Kinde der »notdürftige Unterhalt« winkt, wird das Mädchen mit seinen Angehörigen es vernünftigerweise vorziehen, seine Entehrung geheim zu halten und durch Drohung mit der Kriminalklage von dem Manne etwas günstigere materielle Bedingungen zu erzwingen. Statt dass also der Staat alle seine Kräfte aufbieten sollte, um die Ehre und die Interessen solcher unglücklichen Frauenspersonen in Schutz zu nehmen, werden diese, um nur eine mässige Abfindung zu erlangen, sich auf eine Handlungsweise verlegen müssen, die von einer Erpressung nicht gar weit entfernt ist. Kann es unter solchen Umständen Jemanden Wunder nehmen, dass die besitzlosen Volksklassen in diesen Gesetzesbestimmungen, welche ihnen fortwährend durch einzelne krasse Fälle zum Bewusstsein gebracht werden, ein schweres Unrecht erblicken müssen!

Aber auch wenn man von den Fällen absieht, in welchen die Schwängerung auf eine besonders rechtswidrige oder unsittliche Weise erfolgt ist, erscheint es nicht als gerecht und zweckmässig, den Vater bloss zur Leistung des notdürftigen Unterhaltes zu verpflichten. Der notdürftige Unterhalt ist nämlich an allen Orten eine fest bestimmte Grösse, durch welche das geringe Einkommen des Armen viel härter getroffen wird als die grossen Einkünfte des Reichen. Jene Bestimmung des Entwurfes ist daher gerade so eine ungerechte Bevorzugung der Wohlhabenden und Reichen wie etwa eine gleiche Kopfsteuer auf dem Gebiete der Finanzgesetzgebung. Nach dem Preussischen Landrecht, welches in dieser Richtung noch heute in Geltung steht, ist der Unterhaltsanspruch zwar gleichfalls eine fixe Grösse, aber er richtet sich nach dem Betrage, welchen die Erziehung eines ehelichen Kindes des Bauern- oder gemeinen Bürgerstandes kostet. Der Entwurf geht also in Beziehung auf das Mass des Unterhaltsanspruchs sogar noch weiter zurück als das preussische Gesetz vom 24. April 1854, wie derselbe denn überhaupt die einseitige Begünstigung der besitzenden Volksklassen in den meisten Punkten auf die Spitze getrieben hat.

Am zweckmässigsten ist es jedenfalls, wenn der Unterhaltsanspruch des unehelichen Kindes gar nicht als eine bestimmte Grösse behandelt wird, sondern sich nach dem Einkommen des Vaters richtet. In Deutschland wie in jedem grösseren Kulturstaat leben mehrere Millionen unehelich geborener Personen, welche zu einem sehr beträchtlichen Teil von wohlhabenden Männern erzeugt worden sind. Der gesunde Sinn der besitzlosen Volksklassen wird es niemals begreifen, dass der wohlhabende, ja vielleicht reiche Vater sein Kind durch Gewährung eines kargen Unterhalts in das Proletariat hinabstösst und es sich dadurch selbst für immer entfremdet. Der Staat hat gerade in unserer Zeit die unabweisbare Aufgabe, solche Misverhältnisse, die naturgemäss eine Quelle der schärfsten sozialen Gegensätze sind, zu verhindern und dafür Sorge zu tragen, dass der Vater, wenn es sein Einkommen zulässt, das uneheliche Kind in die höheren Stände des Volkes einordnet.

In einem Falle möchte ich sogar über jenes durch das Einkommen des Vaters gegebene Mass hinausgehen und dem Kinde gegen den unehelichen Vater den Anspruch auf einen dem Stande dieses Letzteren entsprechenden Unterhalt zuerkennen. Wenn der Mann bei Erzeugung des unehelichen Kindes bereits ein Lebensalter erreicht hat, in welchem eine Eheschliessung unwahrscheinlich ist, so kann man wohl annehmen, dass ihm die unehelichen Geschlechtsverhältnisse die Ehe ersetzen und ihn demgemäss zu dem seinem eigenen Stande entsprechenden Unterhalt des Kindes verpflichten. Als eine solche Altersgrenze könnte man etwa das vierzigste Lebensjahr bezeichnen. Diese erhöhte Unterhaltsverpflichtung würde sich zugleich als eine der zweckmässigsten und humansten Cölibatsstrafen darstellen, welche sonst, wie ich wohl weiss, zahlreiche Bedenken gegen sich haben.

XXVI.

Ich kann diese Kritik der Gesetzesbestimmungen über die unehelichen Kinder nicht schliessen, ohne auch die prozessuale Seite unserer Frage in Betracht zu ziehen. Ich habe schon in einem früheren Abschnitt gezeigt, wie nachteilig sich unser Zivilverfahren für die Interessen der besitzlosen Volksklassen erweist, weil in demselben regelmässig ein selbstthätiges Eingreifen des Richters ausgeschlossen ist. Diese allgemeinen Gebrechen der bürgerlichen Rechtspflege lasten aber auf den Armen in Fällen wie der unsrige mit doppelter Schwere, weil die unehelich Geschwängerte mit ihrem Kind durch die Niederkunft meistens in einen völlig hilflosen Zustand versetzt wird. Hier, im Falle der dringendsten Not, wäre es also besonders ratsam, den Richter zu ermächtigen, nach einer summarischen Untersuchung den unehelichen Vater zur Leistung der Wochenbettkosten und des Unterhaltes noch vor Beendigung des Rechtsstreites auf Anerkennung der Vaterschaft zu verpflichten.

Bei der Ehe, wo sich regelmässig Personen von gleicher Lebensstellung gegenüberstehen, hat sich der Gesetzgeber auch gegen die Notwendigkeit einer besonderen Bestimmung für solche Fälle nicht verschlossen. Nach dem Entwurf (§ 1462) kann die Ehegattin, welche auf Scheidung oder auf Trennung von Tisch und Bett klagt, den Anspruch erheben, dass sogleich nach Beginn des Rechtsstreites durch einstweilige Verfügung des Richters die Verbindlichkeit zur häuslichen Gemeinschaft aufgehoben und der Ehegatte zur Leistung des Unterhalts an sie und ihre Kinder verpflichtet werde. Die Ehegattin ist also keinen Augenblick ohne Unterhalt, da sie vor jener einstweiligen Verfügung des Richters das Haus ihres Ehegatten nicht verlassen darf, bis dahin aber den Unterhalt innerhalb der häuslichen Gemeinschaft in Natur erhält.

In ähnlicher Weise hat auch das Preussische Landrecht (II, 1, § 1019 fg.) für die uneheliche Mutter und ihr Kind gesorgt, soweit dies bei der Verschiedenheit der Verhältnisse überhaupt möglich ist. Nach diesem Gesetzbuch konnte die Geschwängerte schon vor ihrer Niederkunft den unehelichen Vater auf Leistung der Entbindungskosten und einer sechswöchentlichen standesgemässen Verpflegung klagen. War die Schwangerschaft ausgemittelt und der Beischlaf eingestanden oder einigermassen bescheinigt, so hatte der Richter durch ein vorläufiges Dekret die Summe dieser Kosten festzusetzen. Dadurch war der dringenden Not, welche bei unehelich Geschwängerten unmittelbar nach der

Niederkunft einzutreten pflegt, wenigstens einigermassen vorgebeugt.

Nach dem Entwurf eines bürgerlichen Gesetzbuchs kann zweifellos auf Zahlung des Unterhaltes und der Entbindungskosten erst nach der Niederkunft geklagt werden. »Es ergibt sich aus § 1571 in Verbindung mit »§ 3 des Entwurfs — sagen die Motive — dass die »Verpflichtung des unehelichen Vaters zur Gewährung »des Unterhaltes mit der Geburt des Kindes, aber auch »erst mit dieser zur Entstehung kommt. Es kann da- »her vor Geburt des Kindes auf Leistung von Ali- »menten nicht geklagt, derjenige, welcher mit der »Mutter des Kindes den Beischlaf vollzogen hat, auch »nicht etwa im Wege einstweiliger Verfügung schon »vor der Geburt des Kindes zur Zahlung von Alimen- »ten angehalten werden, um die dem Kinde vom Au- »genblick der Geburt an gebührenden Alimente zum »voraus zu sichern« (Mot. IV, 893).

Und nun vergleiche man, wie ähnliche Fragen von der deutschen Zivilprozessordnung dann entschieden werden, wenn es sich um die Vermögens-Interessen der besitzenden Klassen handelt. Nach § 819 der Zivilprozessordnung sind einstweilige Verfügungen auch zum Zwecke der Regelung eines einstweiligen Zustandes in Bezug auf ein streitiges Rechtsverhältnis zulässig, sofern diese Regelung, insbesondere bei dauernden Rechtsverhältnissen, zur Abwendung wesentlicher Nachteile oder zur Verhinderung drohender Gewalt oder aus anderen Gründen notwendig erscheint. Ist also z. B. der Besitzstand zwischen den Beteiligten streitig, so kann der Richter, auch wenn der Besitzprozess noch nicht anhängig ist, die ihm zweckmässig erscheinenden einstweiligen Verfügungen treffen.

Hier aber, angesichts des dringendsten Bedürfnisses, ja der bittersten Not soll der Richter vor der Niederkunft keine einstweilige Verfügung auf Zahlung der Alimente vom Tage der Geburt des Kindes erlassen dürfen! Dass durch eine solche ungerechtfertigte Ausnahmsbestimmung die uneheliche Mutter und ihr Kind in den ersten Monaten nach der Niederkunft, bis ein Vormund des Kindes bestellt, ein unentgeltlicher Rechtsanwalt erbeten und andere juristische Förmlichkeiten erledigt sind, der grössten Not preisgegeben werden, braucht nicht näher auseinandergesetzt zu werden. Ueberdies lässt sich schon jetzt mit ziemlicher Bestimmtheit voraussagen, dass die Gerichte auch nach überreichter Vaterschaftsklage die einstweilige Gewährung von Alimenten an uneheliche Kinder ablehnen werden, und zwar mit gutem Grund, weil der Entwurf, der doch unzählige Citate anderer Paragraphen enthält, gerade in dem Abschnitt über die unehelichen Kinder eine Rückbeziehung auf den obenerwähnten § 1462 unterlassen hat. Unter dieser Voraussetzung würde dann die uneheliche Mutter die Alimente für ihr Kind sogar erst nach Durchführung des Vaterschaftsprozesses (§ 648 Z. 6 Ziv.-Proz.-Ordn.), also meistens lange Zeit nach ihrer Niederkunft erhalten.

Die durch Ausnahmsbestimmungen erschwerte Geltendmachung der kümmerlichen Ansprüche, welche der Entwurf der Mutter und dem Kinde noch gelassen hat, wird zweifellos eine doppelte Konsequenz nach sich ziehen. Zunächst werden die Mädchen, welche unehelich geboren haben, sich wie bisher unter dem

Drucke der bittersten Not zum Ammendienst drängen und das Ammenwesen mit seinen traurigen Ausartungen wird uns auf absehbare Zeit erhalten bleiben. Hievon ist schon in einem früheren Abschnitt (XVIII) die Rede gewesen.

Dann wird aber zweitens jene Erschwerung der Rechtsverfolgung eine weitere Verkümmerung der ohnedies karg zugemessenen Rechte des unehelichen Kindes zur Folge haben. Nach dem Entwurf darf, soweit es sich um die ehelichen Kinder, die Ehegattin oder andere durch legitime Ehe verwandte Personen handelt, auf den Unterhaltsanspruch für die Zukunft nicht verzichtet werden (§ 1495 d. Entw.). Diese Bestimmung wird in den Motiven (IV, 709) durch die sittliche Grundlage des Unterhaltsanspruchs und durch die Rücksicht auf das wegen der Armenpflege konkurrierende öffentliche Interesse gerechtfertigt.

Aber besteht nicht auch zwischen dem unehelichen Vater und seinem Kinde ein sittliches Band und ist bei diesem nicht viel wahrscheinlicher, dass es der öffentlichen Armenpflege zur Last fallen wird, sobald es einmal seinen Unterhaltsanspruch verloren hat? Und ist es nicht klar, dass dieser Anspruch für das uneheliche Kind in seiner isolierten Stellung von unendlich grösserer Bedeutung ist, als für die ehelichen Verwandten, da es zu der Familie des Vaters gar keine rechtliche Beziehung hat und auch in der Familie der Mutter (§ 1568 des Entw.) meistens als ein Auswürfling betrachtet wird? Dennoch wird aber von dem Entwurf (§ 1576) ein Vergleich zwischen dem Vater und dem unehelichen Kinde über die Unterhaltsverpflichtung des ersteren ausdrücklich zugelassen. Der Grund dieser das

Interesse des Kindes so sehr beeinträchtigenden Ausnahmsbestimmung kann nur darin liegen — und dieser Grund wird in den Motiven (IV, 903, 904) verständlich genug angedeutet — dass wohlhabende Männer sich gern durch eine grössere Abfindungssumme von den Sünden ihrer Jugend ein für allemal loskaufen. Und so wird denn in den unzähligen Fällen, wo das uneheliche Kind von einem wohlhabenden Manne erzeugt ist, das Schlimmste die Regel bilden, was von menschlichen Beziehungen überhaupt gesagt werden kann: die Mutter, durch ihre Niederkunft in Not gestürzt und durch die einseitigen Bestimmungen des bürgerlichen Rechtes mürbe gemacht, wird sich allen Bedingungen fügen; der uneheliche Vater aber wird seinem Kinde ein Stück Geld hinwerfen und es für die Zukunft seinem Schicksal überlassen.

XXVII.

Indem ich nunmehr daran gehe, die in der obigen Darstellung gemachten Vorschläge kurz zusammenzufassen, muss ich mir die Frage stellen, ob durch eine Verbesserung der Lage der unehelichen Mütter und Kinder nicht die Sittlichkeit geschädigt oder, wie sich die Motive geschmackvoll ausdrücken, »das Ueberhandnehmen der unehelichen Kinder« gefördert werden wird. Diese Frage ist entschieden zu verneinen. Privatrechtliche Gesetze werden bis zu einem gewissen Grade auf die besitzenden und gebildeten Volksklassen einwirken; auf das Handeln der besitzlosen Volksklassen, welchen dieselben meist vollständig unbekannt bleiben und die im besten Falle von ihnen eine unbestimmte Kunde erhalten, sind sie fast ohne jeden bestimmenden

Einfluss. Die in juristischen und legislativen Schriften immer wiederkehrende Behauptung, dass man durch strenge Gesetze (gegen die Frauen!) die Widerstandskraft des weiblichen Geschlechts stählen müsse, ist eine leere Redensart, die überall durch die Thatsachen widerlegt wird.

Denn der Prozentsatz der unehelichen Geburten war in der Rheinprovinz und in der angrenzenden Provinz Westphalen selbst in der Zeit wenig verschieden, als in der ersteren der Art. 340 des französischen Zivilgesetzbuchs, in der letzteren die den unehelichen Kindern so überaus günstigen Bestimmungen des Preussischen Landrechts galten. Für die Jahre 1827 bis 1831 wird beispielsweise angegeben, dass in der Rheinprovinz 4 uneheliche, in Westphalen 4.93, in der Provinz Posen (wo gleichfalls das Landrecht galt) 4.56 uneheliche Geburten auf 100 eheliche kamen [1]). In Oesterreich, wo überall das den unehelichen Kindern ziemlich günstige bürgerliche Gesetzbuch seit zwei Menschenaltern in Wirksamkeit steht, zeigt der Prozentsatz der unehelichen Kinder sehr bedeutende Verschiedenheiten, indem derselbe in Tirol und Vorarlberg im Jahre 1886 nur 5.57, in dem angrenzenden Kärnten aber nicht weniger als 45.61 auf 100 Geburten beträgt. Ja die Verfasser des preussischen Gesetzes vom 24. April 1854, welche in den Verhandlungen des Landtags fortwährend die Förderung der Sittlichkeit im Munde geführt hatten, mussten es erleben, dass wenige Jahre nach eingetretener Wirksamkeit des Gesetzes die

1) S. v. Kräwel, die Pflichten des unehelichen Vaters nach den in Deutschland geltenden Gesetzen im Archiv für zivilistische Praxis, Bd. 50 (1867), S. 351.

Zahl der unehelichen Kinder sich sehr beträchtlich erhöhte [1]). Der Grund dieser Erscheinung, welche übrigens jeder Einsichtige voraussehen musste, besteht ohne Zweifel darin, dass die Männer der besitzenden Volksklassen, nachdem die Schranken des Allgemeinen Landrechts gefallen waren, nunmehr ihre Eingriffe in das Geschlechtsleben der unteren Volksklassen vermehrten.

Bei Feststellung der Rechte der unehelichen Kinder handelt es sich also keineswegs um eine Frage der Sittlichkeit, sondern um eine Interessenfrage, die vorzüglich zwischen den besitzenden und besitzlosen Volksklassen streitig ist. Die besitzlosen Volksklassen werden im allgemeinen richtig handeln, wenn sie jenen Rechtszustand anstreben, welcher im Preussischen Landrecht für das Verhältnis der unehelichen Kinder und ihrer Mütter festgestellt erscheint. Denn so rückschrittlich und volksfeindlich ist unsere Privatrechtswissenschaft in diesem Jahrhundert unter dem Einfluss der historischen Schule geworden, dass schon die Wiederherstellung der Bestimmungen des Landrechts, welche von einem absoluten Monarchen gegeben wurden und bis zum Sturze des absoluten Königtums fast unverändert in Geltung blieben, in unserer Zeit als ein erstrebenswertes Ziel erscheint. In folgenden Hauptpunkten bedarf der Entwurf eines deutschen bürgerlichen Gesetzbuchs einer Abänderung, wobei bemerkt sein mag, dass ich nur die prinzipiellen Fragen in Betracht ziehe und alle juristischen Einzelheiten bei Seite lasse:

1) Wenn der aussereheliche Beischlaf durch Notzucht oder ein ähnliches Sittlichkeitsverbrechen (welche

---

1) Vgl. v. Fircks in der Zeitschrift des preussischen statistischen Bureaus, 1878, S. 367.

einzeln anzugeben wären) herbeigeführt wird, so sind, falls kein undispensierbares Ehehindernis vorliegt, der Frauensperson die Rechte einer ohne ihr Verschulden geschiedenen Ehefrau, dem etwa geborenen Kinde die Rechte eines ehelichen Kindes zuzuerkennen. Da der Entwurf im Falle einer Scheidung die Wiederverehelichung des geschiedenen Ehegatten gestattet, so hat jene Bestimmung auch dann Anwendung zu finden, wenn derjenige, welcher das Sittlichkeitsverbrechen begangen hat, bereits verheiratet ist. Ist ein Ehehindernis vorhanden, von welchem keine Dispensation zulässig ist (z. B. Blutsverwandtschaft in auf- und absteigender Linie) so ist der Frauensperson wenigstens die vermögensrechtliche Stellung einer ohne ihr Verschulden geschiedenen Ehefrau, dem von ihr geborenen Kinde jene eines ehelichen Kindes zu gewähren. — Dieselben Rechtsfolgen haben für Mutter und Kind auch in dem Falle einzutreten, wenn die aussereheliche Schwängerung unter der Zusage einer künftigen Ehe erfolgt ist.

2) Wer eine unbescholtene Frauensperson verführt, ist schuldig, ihr eine Abfindung zu bezahlen.

3) Wer einer Frauensperson innerhalb der Empfängniszeit beiwohnt, hat der Geschwängerten die Entbindungskosten zu ersetzen und nach Massgabe seines Einkommens dem Kinde den Unterhalt zu gewähren. Die Einrede der Untreue (die sog. exceptio plurium concumbentium) findet nicht statt. Mehrere Männer, die der Geschwängerten innerhalb der Empfängniszeit beigewohnt haben, haften als Gesamtschuldner.

4) Ist der uneheliche Vater ledigen Standes und hat er bei Erzeugung des Kindes das vierzigste Lebensjahr bereits überschritten, so hat er dem Kinde den

seinem eigenen Stande entsprechenden Unterhalt zu gewähren.

5) Steht die Schwangerschaft fest und wird die Vollziehung des Beischlafs innerhalb der Empfängniszeit bescheinigt, so kann die Geschwängerte bei dem Gericht auf Erlassung einer einstweiligen Verfügung antragen, durch welche der Schwängerer verpflichtet wird, sofort nach der Geburt des Kindes an die Mutter die Entbindungskosten und den Unterhaltsbeitrag für drei Monate zu bezahlen.

XXVIII.

Das letzte Rechtsinstitut, welches in dem Familienrecht des deutschen Entwurfs seine Normierung erhält, ist die Vormundschaft. Die Sorge für minderjährige Kinder — denn auf diesen wichtigsten Fall kann ich mich hier beschränken — liegt in erster Reihe den Eltern und in deren Ermangelung dem Vormunde ob. Sowohl die Eltern als auch der Vormund werden aber bei dieser Thätigkeit durch den Staat geleitet und beaufsichtigt, der sich hiebei der Gerichte als seiner Organe bedient.

Fragen wir aber nach dem allgemeinen Charakter dieser staatlichen Fürsorge für die minderjährigen Kinder, so lässt sich diese Frage einfach dahin beantworten, dass die obervormundschaftliche Thätigkeit der Gerichte im wesentlichen nur den Angehörigen der besitzenden Klassen zu gute kommt. Die minderjährigen Kinder der Armen, obgleich sie des staatlichen Schutzes naturgemäss am meisten bedürfen, sind von demselben durch Gesetz und Praxis fast vollständig ausgeschlossen. Auch nach dem Entwurf soll das Vormundschaftsgericht das bleiben, was es bisher gewesen ist: eine Behörde, die vorherrschend die Bestimmung hat, die Verwaltung des Vermögens der wohlhabenden Kinder zu beaufsichtigen und in einzelnen Ausnahmsfällen (z. B. § 1683 d. Entw.) sogar selbst zu führen.

In dieser Richtung hat nun freilich der Entwurf die grösste Sorgfalt entwickelt. Im allgemeinen sollen zwar die Eltern und die Vormünder das Recht haben, die Verwaltung des Vermögens der minderjährigen Kinder selbständig zu führen; die übermässige Bevormundung beider durch das Gericht, die wir in manchen Rechtssystemen wahrnehmen können, soll nach dem deutschen Gesetzbuch nicht mehr stattfinden. Aber selbst die Eltern müssen bei allen wichtigeren Verfügungen über das Vermögen des Kindes die Genehmigung des Vormundschaftsgerichts einholen, und dieses hat die Verpflichtung, wenn die Eltern bei der Vermögensverwaltung ihre Pflichten verletzen und dadurch die Rechte des Kindes erheblich gefährden, die zur Abwendung der Gefahr erforderlichen Massregeln nach seinem freien Ermessen zu treffen (§ 1511, 1574 d. Entw.). Noch viel weiter geht, wie auch ganz natürlich ist, die staatliche Fürsorge bei einem blossen Vormunde, welchen der Entwurf — trotz der grundsätzlich anerkannten Selbständigkeit seiner Verwaltung — einer Unzahl von Kontrollmassregeln unterwirft, deren Darlegung hier zu weit führen würde (vgl. § 1695 u. ff. d. Entw.). Sind bei der Verwaltung des Vermögens Pflichtverletzungen vorgekommen, so haften die Eltern, der Vormund und sogar das Vormundschaftsgericht dem Kinde für den dadurch entstandenen Schaden (§ 1503, 1696, 1702).

Gegen diese Sorgfalt, mit welcher die Vermögensinteressen der wohlhabenden Kinder wahrgenommen werden, ist natürlich an sich nichts einzuwenden. Wie verhält sich aber der Entwurf zu den Interessen jener minderjährigen Kinder, welche den besitzlosen Volksklassen angehören? Das einzige Besitztum dürftiger Kinder ist ihre Arbeitskraft, deren richtige Verwendung nicht nur für ihre wirtschaftliche Zukunft, sondern auch für ihre körperliche und sittliche Entwickelung von entscheidender Bedeutung ist. Missgriffe in dieser Richtung beeinträchtigen das Wohl des dürftigen Kindes ungleich mehr als bei wohlhabenden Kindern jemals durch eine mangelhafte Verwaltung ihres Vermögens geschehen kann. Man sollte deshalb erwarten, dass der Entwurf Bestimmungen enthalten wird, durch welche die Dienst- und Arbeitsverträge minderjähriger Personen, welche vorzüglich bei den besitzlosen Volksklassen vorkommen, der schärfsten Kontrolle der Eltern, des Vormundes und namentlich des Vormundschaftsgerichtes unterstellt werden.

In Wirklichkeit ist aber das gerade Gegenteil der Fall. Nach dem Entwurf (§ 68) bedarf nämlich ein Minderjähriger, welchem die Eltern oder der Vormund gestattet haben, in Dienst oder Arbeit zu treten, nicht ihrer Einwilligung, um Dienst- oder Arbeitsverhältnisse der gestatteten Art einzugehen oder dieselben wieder aufzulösen und die für einen einzelnen Fall gegebene Ermächtigung gilt in Zweifel als allgemeine Ermächtigung zur Eingehung eines Verhältnisses derselben Art. Ja selbst wenn das Dienst- oder Arbeitsverhältnis, welches der Minderjährige kraft dieser gesetzlichen Bestimmungen eingegangen ist, die Gesundheit, die Sittlichkeit oder den guten Ruf desselben gefährdet, dürfen die Eltern oder der Vormund die sofortige Auflösung nicht verlangen, sofern der Arbeitgeber die Fortsetzung des Verhältnisses beansprucht (Mot. I, 145).

Der Rechtszustand, welchen der Entwurf im Anschluss an die bisherige Gesetzgebung und Praxis anstrebt, ist somit sehr klar. Das Vormundschaftsgericht soll mit den Dienst- und Arbeitsverträgen Minderjähriger (welche Kategorie nach dem Entwurf alle jugendlichen Personen vom zurückgelegten siebenten bis zum zurückgelegten einundzwanzigsten Lebensjahr umfasst) überhaupt nichts zu schaffen haben. Da Dienstverhältnisse in so jugendlichem Alter als Massenerscheinung nur bei den besitzlosen Volksklassen vorkommen, hier aber das wichtigste ökonomische Interesse der Minderjährigen repräsentieren, so ist eine obervormundschaftliche Fürsorge für die dürftigen Minderjährigen eigentlich überhaupt nicht vorhanden. Aber auch die Verantwortlichkeit der Eltern und Vormünder ist im gewöhnlichen Lauf der Dinge auf das äusserste eingeschränkt, da sie den Minderjährigen, wenn sie ihm einmal ihre Einwilligung zur Eingehung eines Dienstverhältnisses gegeben haben, ohne Pflichtverletzung seinem Schicksal überlassen können. Kurz, nach dem Entwurf, welcher im wesentlichen der bisherigen Praxis folgt (Mot. I, 144), ist für das körperliche und sittliche Wohl der Minderjährigen aus den besitzlosen Volksklassen gerade in den wichtigsten Beziehungen eigentlich niemand verantwortlich.

Diese Darstellung gibt uns nun den Schlüssel zu manchen wichtigen Erscheinungen, die man sonst niemals würde begreifen können. Als die Fabrikindustrie in den europäischen Kulturländern eingeführt wurde, schickten gewissenlose Eltern und Vormünder überall Hunderttausende von jugendlichen Personen, zum Teil im zartesten Alter, in die Fabriken, wo dieselben durch Ueberarbeitung, durch Mangel an Licht und Luft und durch andere Schädlichkeiten dem physischen Verderben preisgegeben wurden. Es handelte sich bei diesen Thatsachen, welche jedenfalls eines der schwärzesten Blätter in der Geschichte menschlicher Selbstsucht bilden, nicht um vereinzelte Ausnahmsfälle, sondern um Massenerscheinungen, die der Aufmerksamkeit der staatlichen Gesetzgebung unmöglich entgehen konnten. Thatsächlich hat auch die Gesetzgebung der meisten Kulturstaaten, darunter auch die Deutsche Gewerbeordnung Massregeln getroffen, durch welche dem Missbrauch der jugendlichen Personen in den fabrikmässigen Betrieben gesteuert wird, während die land- und forstwirtschaftlichen, ferner die nicht fabrikmässigen Gewerbebetriebe dermalen auch dieser Fürsorge noch entbehren.

Gewöhnlich pflegt man diese traurigen Erscheinungen bloss vom wirtschaftlichen und sozialen Standpunkte aus zu betrachten. Aber der Jurist muss unwillkürlich fragen: Wo waren die Vormundschaftsgerichte, als ganze Generationen von jugendlichen Personen, welche unter ihrem besonderen Schutze standen, in den Fabriken dem Ruin entgegengeführt wurden? Und was thun die Gerichte noch gegenwärtig, wenn solche jugendliche Personen in den nicht fabrikmässigen Betrieben ähnlichen Gefahren ausgesetzt werden? Die obige Darstellung gibt die Antwort auf alle diese Fragen: Die Kinder der Armen waren seit jeher von der obervormundschaftlichen Fürsorge des Staates gerade in den entscheidenden Richtungen fast vollständig ausgeschlossen.

Freilich finden sich in dem Entwurfe (vgl. z. B. §§ 1504, 1655, 1725) und in zahlreichen Verwaltungsgesetzen Bestimmungen, welche die staatlichen Organe ermahnen, über das persönliche Wohl der jugendlichen Arbeiter zu wachen. Aber es ist klar, dass solche allgemeine Redensarten dem Minderjährigen angesichts der klaren und präzisen Bestimmungen des § 68 des Entwurfs nur wenig nützen können. Soll den Kindern der Armen wirklich geholfen werden, so bedarf es einer individuellen Kontrolle, einer individuellen Verantwortlichkeit. Eine solche kann aber nur dadurch geschaffen werden, dass man die wichtigsten wirtschaftlichen Interessen der dürftigen Minderjährigen gerade so unter den unmittelbaren Schutz der Vormundschaftsgerichte stellt, wie dies in Ansehung der Kinder aus den besitzenden Volksklassen seit jeher der Fall gewesen ist. Allerdings wird dadurch die freie ökonomische Bewegung der jugendlichen Arbeiter einige Einschränkungen erleiden; dafür aber werden wohlwollende und umsichtige Vormundschaftsrichter, die ja doch in grosser Zahl vorhanden sind, die Gelegenheit erhalten, für die körperliche und sittliche Wohlfahrt der Armen in der entscheidendsten Epoche ihres Lebens einzutreten. Und wenn die Arbeitslast der Vormundschaftsgerichte durch diese Massregeln beträchtlich gesteigert wird, so mögen die besitzenden Volksklassen nicht vergessen, dass eine solche väterliche Sorge für die Aermsten und Schwächsten der bürgerlichen Gesellschaft wie kaum eine andere Einrichtung geeignet ist, den furchtbaren Gegensatz zwischen Reich und Arm zu mildern.

Vor allem wäre also der § 68 des Entwurfs einfach zu streichen. Gerade so wie der vorhergehende Paragraph (§ 67) im Interesse der besitzenden Klassen vorschreibt, dass ein Minderjähriger zum Betriebe eines Erwerbsgeschäfts der Genehmigung des gesetzlichen Vertreters (der Eltern oder des Vormundes) sowie auch des Vormundschaftsgerichtes bedarf, so sollten die Dienstverhältnisse der dürftigen Minderjährigen gleichfalls nicht ohne Zustimmung beider abgeschlossen werden. Ja, wenn in unserem Rechtssystem nicht die gesellschaftlichen Machtverhältnisse unter den einzelnen Bevölkerungsklassen, sondern wirklich die Zweckmässigkeit entscheiden würde, so müsste diese Verantwortlichkeit, gerade weil es sich um die ärmsten und hilflosesten Mitglieder der Gesellschaft handelt, juristisch so hoch als möglich gesteigert werden.

Mit diesen Bemerkungen mag meine Besprechung des Familienrechts des deutschen Entwurfs geschlossen werden. Ich habe mich dabei auf eine Kritik jener Rechtsregeln und Rechtsinstitute beschränkt, durch welche weite Kreise innerhalb der besitzlosen Volksklassen in ihren wichtigsten Lebensinteressen benachteiligt werden; eine Kritik aller einseitigen Detailbestimmungen des Entwurfs würde Bände füllen. Aber auch so glaube ich erwiesen zu haben, dass das Familienrecht des Entwurfs, obgleich dieser Teil des Privatrechts mit der Eigentumsordnung in gar keinem unmittelbaren Zusammenhange steht, doch überall vom Standpunkt der besitzenden Volksklassen aus gedacht und ausgebildet ist.

Dritte Abteilung.

Das Sachenrecht des Entwurfs eines bürgerlichen Gesetzbuchs für das deutsche Reich.

XXIX.

Indem ich nunmehr dazu übergehe, das Sachenrecht des Entwurfs eines deutschen bürgerlichen Gesetzbuchs der Kritik zu unterziehen, sei zuvörderst daran erinnert, dass ich oben (I. und II.) die Geltung des Privateigentums in seiner überlieferten Gestalt als eine unanfechtbare Voraussetzung hingestellt und dadurch meiner Aufgabe selbst die engsten Grenzen gesteckt habe. In Wirklichkeit ist nämlich das Sachenrecht, wie es uns der deutsche Entwurf nach dem Muster anderer Gesetzbücher bietet, nichts als eine vollständige Entfaltung des Privateigentums. Denn der Besitz und die Inhabung verfolgen lediglich den Zweck, das Eigentum in seiner praktischen Wirksamkeit zu ergänzen und durch die Dienstbarkeiten und das Pfandrecht sollen aus dem Inhalt des Privateigentums einzelne Bestandteile losgelöst und zu besonderen Rechten gestaltet werden. Durch die Gegensätze, welche gleichwohl auch auf dem Gebiete des Sachenrechts vorkommen, werden daher im wesentlichen nur die Besitzenden berührt, nicht die besitzlosen Volksklassen, die durch jedes auf dem Privateigentum beruhende Sachenrecht von dem Besitze gleichmässig ausgeschlossen werden. Es kann deshalb meine Absicht nicht sein, eine umfassende Kritik des im Entwurf gebotenen Sachenrechts zu liefern; nur wenige fragmentarische Bemerkungen über einzelne vom sozialen Standpunkt besonders wichtige Fragen können an dieser Stelle Raum finden.

Fragen wir nun noch zuvor nach dem allgemeinen Charakter des Sachenrechts, wie es uns das dritte Buch des Entwurfs darbietet, so können wir überall eine innere Abschwächung und Zersetzung der Eigentumsordnung wahrnehmen. Diese zeigt sich zunächst in der den ganzen Entwurf beherrschenden Tendenz, die Eigentumsordnung von ihren wirtschaftlichen Grundlagen loszureissen und als eine blosse Machtfrage zu behandeln (XXX). Freilich war das Sachenrecht im wesentlichen niemals etwas anderes als ein Inbegriff von Machtverhältnissen, und die Bestrebungen der Juristen und der Rechtsphilosophen, das Eigentum auf die Arbeit oder andere wirtschaftliche Vorgänge zu gründen, waren deshalb von vornherein zur Unfruchtbarkeit verurteilt. Aber niemals ist ein Gesetzbuch erschienen, in welchem die besitzenden Klassen so unumwunden, wie jetzt im deutschen Entwurf geschehen ist, auf jeden Zusammenhang des Privateigentums mit dem wirtschaftlichen Leben der Nation Verzicht leisten und sich damit begnügen, das Schwert der Gewalt in die Wagschale zu werfen. Je mehr aber die Wurzeln, welche die Eigentumsordnung mit dem gesamten Volksleben verbinden, von dem Gesetzgeber zerschnitten werden, desto sicherer muss die Geltung des Eigentums in dem Rechtsbewusstsein der Nation erschüttert werden.

Aber auch was die nähere Ausgestaltung des Sachenrechts betrifft — und dies ist der zweite Punkt — so ist eine Schwächung der Eigentumsordnung nicht zu verkennen. Der Grundsatz der Unverletzlichkeit und der Unbeschränktheit des Privateigentums ist heute kaum mehr als eine Fiktion, die innerhalb des Kreises der Besitzenden nur auf eine sehr beschränkte Geltung Anspruch machen kann und überall von den weitestgehenden Zweckmässigkeitsgründen durchkreuzt und zurückgedrängt wird. Eine vollständige Ausführung dieses Gedankens würde freilich eine umfassende Kritik des gesamten Sachenrechts notwendig machen; an dieser Stelle will ich bloss zwei der wichtigsten Punkte (XXXI. und XXXII.) hervorheben. Nur dort, wo sich die Eigentumsordnung vorherrschend gegen die besitzlosen Volksklassen richtet, nämlich bei dem Besitz und der Inhabung, ist in dem Entwurf sogar eine Zuspitzung und Verschärfung des Eigentumsbegriffes wahrzunehmen (XXXIII.).

Es wäre eine Ungerechtigkeit, diese innere Abschwächung und Zersetzung derEigentumsordnung lediglich den Verfassern des Entwurfs zur Last zu legen. Vielmehr sind manche Gedanken, welche diesem Prozess zu Grunde liegen, uralt und fast alle haben sich lange Zeit vor der Verfassung des bürgerlichen Gesetzbuchs in der Gesetzgebung und in der Rechtswissenschaft entwickelt. Aber statt der fortschreitenden Selbstverneinung des Privateigentums entgegenzutreten, wie es in der Konsequenz ihres rein privatrechtlichen Standpunktes lag, haben die Verfasser jene Gedanken in ihrem Entwurfe bis zur äussersten Schärfe und Schroffheit ausgebildet, wobei überall die Sicherung des Rechtsverkehrs und die leichte Handhabung des Gesetzbuchs in der Praxis ihr leitender Gesichtspunkt war. Man kann deshalb mit gutem Grunde behaupten, dass die Verfasser des Entwurfs zu einer Zeit, wo die gesamte Eigentumsordnung schwankt und erzittert wie ein Schiff in der sturmbewegten See, gleichwohl bei der Entwerfung des Sachenrechts kaum ein höheres Ziel verfolgt haben als die Erleichterung des Güterumlaufes und die Bequemlichkeit des juristischen Handwerks.

XXX.

Die ungeheure Mehrzahl aller Vermögensobjekte befindet sich gegenwärtig in dem Eigentum einzelner Personen und kann regelmässig nur durch Vertrag mit dem bisherigen Eigentümer erworben werden. Vom Standpunkt der sozialen Massenwirkungen kommt fast ausschliesslich diese vertragsmässige Erwerbung des Eigentums in Betracht, während die anderen Erwerbsarten gar sehr in den Hintergrund treten. Auch die übrigen dinglichen Rechte werden in der überwiegenden Anzahl von Fällen durch Vertrag begründet und aufgehoben.

Diese vertragsmässige Uebertragung des Eigentums — denn nur von diesem wichtigsten aller Rechte will ich der Kürze wegen hier sprechen — kann aber auf eine doppelte Weise gestaltet werden. Zuvörderst so, dass zur Eigentumsübertragung nicht nur ein darauf gerichteter Vertrag des Eigentümers und des Erwerbers (Uebergabe, Auflassung), sondern auch ein wirtschaftlicher oder juristischer Grund vorhanden sein muss, welcher diese Uebertragung des Eigentums rechtfertigt. Hier genügt es also nicht, dass mir der Eigentümer eine bewegliche Sache in mein Eigentum übergibt, sondern er muss sie mir auch verkauft, vertauscht, geschenkt oder an Zahlungsstatt überlassen haben. Die Juristen pflegen diese Auffassung so auszudrücken, dass zur Erwerbung des Eigentums einerseits ein Titel (eben jener wirtschaftliche oder juristische Grund) und andererseits eine Erwerbungsart (z. B. die Uebergabe der beweglichen Sache) erforderlich ist. Nach dieser Ansicht, welche vielfach weit über die Grenzen des vertragsmässigen Eigentumserwerbs ausgedehnt wurde, steht das wirtschaftliche Leben mit dem Eigentum in einem engen Zusammenhang. Die Güterverteilung, wie sie durch das Privateigentum und die übrigen dinglichen Rechte hervorgebracht wird, ist darnach nur das letzte Resultat, welches das freie Spiel der wirtschaftlichen Kräfte hervorbringt.

Die Lehre, dass zum Erwerbe des Eigentums neben der Erwerbungsart auch noch ein Titel notwendig sei, lässt sich in eine sehr frühe Zeit verfolgen. Von den neueren Gesetzbüchern ist namentlich das Allgemeine Preussische Landrecht und das österreichische bürgerliche Gesetzbuch zu erwähnen, welche diese Auffassung in dem Sachenrecht durchgeführt haben.

Seit dem Anfang dieses Jahrhunderts wurde die Ansicht, dass der Titel zum vertragsmässigen Eigentumserwerbe notwendig sei, immer mehr in der deutschen Rechtswissenschaft verdrängt. Das Resultat dieser Bewegung liegt in dem Entwurf eines deutschen bürgerlichen Gesetzbuches vor, welcher jeden Zusammenhang zwischen der Eigentumsordnung und dem wirtschaftlichen Leben mit Absicht und Bewusstsein gelöst hat.

Nach dem Entwurf ist nämlich zur Uebertragung des Eigentums an Grundstücken bloss ein zwischen dem bisherigen Eigentümer und dem Erwerber vor dem Grundbuchsamte geschlossener Vertrag notwendig, in welchem der erstere erklärt, dass er die Eintragung des Eigentums für den Erwerber bewillige und dieser letztere die Bewilligung der Eintragung annimmt (die Auflassung). Zur Wirksamkeit dieses Vertrages ist die Angabe des Rechtsgrundes (des Titels) nicht erforderlich. Die Wirksamkeit des Vertrages wird auch dadurch nicht ausgeschlossen, dass die Vertragschliessenden verschiedene Rechtsgründe vorausgesetzt haben oder dass der von ihnen vorausgesetzte Rechtsgrund nicht vorhanden oder ungültig war (§ 828, 829, 868 d. Entw.).

Zum vertragsmässigen Erwerb einer beweglichen Sache ist gleichfalls nur ein zwischen dem bisherigen Eigentümer und dem Erwerber unter Uebergabe der Sache zu schliessender Vertrag erforderlich, welcher die Willenserklärung der Vertragschliessenden enthält, dass das Eigentum auf den Erwerber übergehen soll. Der Rechtsgrund der Uebergabe (der Titel) ist auch bei dem Eigentumserwerb beweglicher Sachen vollständig gleichgültig (§ 874 des Entwurfs).

Aehnliche Bestimmungen sollen auch bei der Begründung und Aufhebung der übrigen dinglichen Rechte gelten (Mot. II, 3, 830; III, 6 ff.).

Gar mancher wird in diesen Gegensätzen nur leere Spitzfindigkeiten der Schule erblicken. In Wirklichkeit handelt es sich aber hier um Fragen, welche für das ganze Leben der Gesellschaft von grosser Bedeutung sind. Die Sicherheit der Eigentumsordnung beruht hauptsächlich darauf, dass sie mit dem Leben und Treiben des Volkes im engsten Zusammenhang steht und dass sie sich im Bewusstsein der Massen als der letzte Ausläufer aller wirtschaftlichen Bestrebungen darstellt. Freilich sind wir noch sehr weit von einem Zustand entfernt, in welchem das wirtschaftliche Verdienst und die durch das Privateigentum geschaffene Güterverteilung in einem richtigen Verhältnis stehen; aber wer diese verfehlten Tendenzen unseres Privatrechts auf die Spitze treibt, wer das Eigentum von seinen wirtschaftlichen Grundlagen vollständig losreisst und dasselbe als eine reine Machtfrage hinstellt, erschüttert geradezu die ganze Eigentumsordnung. Und doch muss jedermann, auch wenn er eine vollständige Umbildung des überlieferten Rechtssystems für unerlässlich hält, den Wunsch hegen, dass die Eigentumsordnung nicht durch den Gesetzgeber selbst diskreditiert wird, solang die neuen Formen noch nicht gefunden und anerkannt sind.

Wenige Einrichtungen haben den Glauben an unser Privatrecht in weiten Kreisen so sehr erschüttert, als jene Rechtsgeschäfte, bei welchen eine bestimmte Willenserklärung schon an und für sich eine Verbindlichkeit begründet, ohne Rücksicht, ob diese in den rechtlichen und wirtschaftlichen Grundlagen des Falles ihre Rechtfertigung findet oder nicht (abstrakte Rechtsgeschäfte, abstrakte Verträge). Denn bei diesen abstrakten Rechtsgeschäften, unter welchen der Wechsel das bekannteste Beispiel bietet [1]), tritt der Gegensatz zwischen wirtschaftlicher und juristischer Gerechtigkeit, der auch sonst gross genug ist, besonders grell und deutlich in den Vordergrund. Wenn ich deshalb, weil ich ein gedrucktes Wechselformular unterzeichnet habe, die Wechselsumme, wenigstens in der Regel der Fälle, an den Wechselinhaber bezahlen muss, gleichviel ob ich nach den dem Wechsel zu Grunde liegenden Verhältnissen dazu verpflichtet bin oder nicht, so muss dem Unwissendsten einleuchten, wie einseitig unser Privatrecht ist und wie es immer nur den Mächtigen und Vorsichtigen zu schützen weiss. Freilich wird die Aufgabe des urteilenden Gerichts sehr erheblich erleichtert, wenn eine gesprochene oder geschriebene Formel wenigstens in der Regel zur Verurteilung des Schuldners genügt, ohne dass der Richter in die juristischen oder wirtschaftlichen Grundlagen des Vorganges einzudringen braucht; aber es ist klar, dass dadurch die Rechtsstreite in unzähligen Fällen mit Unrecht zum Nachteil der Schwachen entschieden werden, die in ihrer geistigen, wirtschaftlichen und sozialen Abhängigkeit den Abschluss solcher abstrakten Rechtsgeschäfte nicht ablehnen können.

Und nun soll nach dem Entwurf auch die gesamte Eigentumsordnung, die wichtigste Einrichtung der menschlichen Gesellschaft, auf einem ähnlichen Formalismus aufgebaut werden. Die bewegende Kraft für die Begründung und die Uebertragung aller Sachenrechte soll fortan ausschliesslich in gewissen Willenserklärungen des Berechtigten liegen; jeder Zusammenhang dieser Veränderungen mit ihren wirtschaftlichen

---

1) Vergl. auch § 683 des Entwurfs und dazu die Motive III, 687 ff.

Grundlagen soll aufhören. Mit einer schroffen Konsequenz, die deutlich den Oelgeruch der Studierstube verrät, wird dieser Gedanke in dem ganzen Gebiete des Sachenrechts durchgeführt, ohne Rücksicht, ob es sich um bewegliche oder unbewegliche Sachen handelt. So werden, um nur den wichtigsten Fall zu erwähnen, die dinglichen Rechte an Grundstücken: das Eigentum, die Dienstbarkeiten, das Pfandrecht nicht deshalb begründet und übertragen, weil es die juristischen und wirtschaftlichen Beziehungen des Falles erheischen, sondern aus dem Grunde, weil der Berechtigte vor dem Grundbuchsamte oder in einer Urkunde bestimmte Formeln ausgesprochen hat. Welches Missverhältnis zwischen Ursache und Wirkung! Dies bedeutet denn doch nichts anderes, als das gewaltige Werk unserer Eigentumsordnung vollständig in die Luft bauen und den Pelion und den Ossa an den Faden einer Spinne hängen!

Ich verkenne nicht, dass dieses Resultat durch die bisherige Entwicklung der Gesetzgebung und der Rechtswissenschaft bis zu einem gewissen Grade vorbereitet worden ist, wenngleich jeder Kundige zugeben wird, dass eine so schroffe Loslösung der Eigentumsordnung von ihren wirtschaftlichen Grundlagen noch in keinem Rechtssystem versucht worden ist. Es mag auch richtig sein, dass die Erhaltung des Zusammenhanges zwischen Wirtschaft und Eigentumserwerb den Juristen manche technischen Schwierigkeiten bietet, wie denn auch die Motive (III, 7) den Standpunkt des Entwurfs durch die Rücksicht auf die Sicherheit des Rechtsverkehrs zu begründen versuchen. Aber höher als die Sicherheit des Rechtsverkehrs steht in einer Zeit, wie die unsere, die Sicherheit des ganzen Rechtssystems. Mit demselben Recht, mit welchem der deutsche Entwurf heute die Eigentumsordnung von ihren wirtschaftlichen Grundlagen losreisst und an einen willkürlichen Formalismus knüpft, kann diese ein künftiger Gesetzgeber auf den Beschluss des Volkes oder seiner Regierungsorgane begründen. Für denjenigen, der sich gegen die innere Triebkraft der Dinge nicht verschliesst, bleibt eben kaum eine andere Wahl übrig: Entweder spriesst die Eigentumsordnung aus dem wirtschaftlichen Leben des Volkes wie aus ihrem mütterlichen Boden hervor oder der Gesetzgeber kann die thatsächlichen Voraussetzungen des Eigentums innerhalb sehr weiter Grenzen nach freier Willkür bestimmen. Und alle diese Bedenken (wie zum Schlusse noch bemerkt werden mag) werden dadurch nicht gehoben, dass der Entwurf (§ 829, 874 u. s. f.) persönliche Klagen gewährt, durch welche in manchen Fällen jene Mängel einer rein formalistischen Gestaltung der Eigentumsordnung bis zu einem gewissen Grade wieder beseitigt werden.

XXXI.

Kein Grundsatz ist in dem Staatsrecht aller Kulturvölker so zweifellos anerkannt, wie die Unverletzlichkeit des Eigentums. Die meisten Verfassungen sprechen von der Unantastbarkeit des Privateigentums, unter dem sie alle Vermögensrechte verstehen, in ähnlichen Ausdrücken, wie von der Unverletzlichkeit der Person des Monarchen. So bestimmt die Preussische Verfassung (Art. 9), dass das Eigentum unverletzlich ist und dass es nur aus Gründen des öffentlichen Wohls gegen vorgängige, in dringenden Fällen wenigstens vorläufig festzustellende Entschädigung nach Massgabe des Gesetzes entzogen oder beschränkt werden kann. Aehnliche Bestimmungen liessen sich fast aus jeder Verfassung mit sogenannten Grundrechten anführen.

In Wirklichkeit ist es aber mit der Unverletzlichkeit des Privateigentums in der Gesetzgebung der modernen Kulturstaaten sehr übel bestellt. Soweit sich freilich die Eigentumsordnung gegen die besitzlosen Volksklassen richtet, wird dieselbe überall mit allen Mitteln des Zivil- und namentlich des Strafrechts aufrecht erhalten. Dagegen wird sich später (XXXII.) zeigen, wie das Privateigentum durch die steigende Thätigkeit der Regierungen immer mehr seines Inhalts entleert wird, obgleich doch leicht ersichtlich ist, dass der Grundsatz der Unverletzlichkeit des Privateigentums in die europäischen Verfassungen vorzüglich zum Schutze gegen die Regierungsgewalt aufgenommen wurde. Wie wenig aber die Unverletzlichkeit des Privateigentums innerhalb des Kreises der Besitzenden die Geltung eines unantastbaren Grundsatzes beansprucht, wie sehr sich vielmehr das bürgerliche Recht in dieser Beziehung von den weitestgehenden Zweckmässigkeitsrücksichten leiten lässt, soll nunmehr an der Hand des deutschen Entwurfes bewiesen werden.

Schwerlich wird es ein Interesse geben, welches ein auf privatrechtlichen Grundlagen aufgebautes Rechtssystem so sehr zu beachten hat, wie die Unverletzlichkeit des Grundeigentums. Denn hier handelt es sich um Vermögensobjekte von grösster sozialer Bedeutung, und andererseits bewegt sich der Verkehr mit Grundstücken naturgemäss in gemessenen Formen, welche eine genaue Erforschung aller massgebenden Rechtsverhältnisse gestatten. Dennoch wird die Sicherheit des Grundeigentums von dem Entwurf durchgreifend dem öffentlichen Glauben des Grundbuchs geopfert. Wer in dem Grundbuch als Eigentümer eines Grundstücks oder sonst als Berechtigter eingetragen ist, kann das Recht, auch wenn es ihm thatsächlich nicht zusteht, mit voller Rechtswirksamkeit an einen Dritten übertragen, vorausgesetzt, dass der Dritte sich bei dem Erwerbe des Rechts in gutem Glauben befindet (§ 837 d. Entw.). Ja dieser Erfolg kann auch ohne den Willen des zu Unrecht Eingetragenen in dem Falle eintreten, wenn die Uebertragung des Rechtes im Wege der Zwangsvollstreckung bewirkt wird. Eine Person also, für welche auf Grund eines betrügerischen Auflassungsaktes das Eigentum oder auf Grund einer gefälschten Urkunde ein dingliches Recht eingetragen wurde, kann dieses »Recht« ohne Weiteres auf jeden redlichen Erwerber übertragen.

Noch weiter geht der Entwurf in der Gefährdung des Eigentums an beweglichen Sachen. Wenn nämlich der Veräusserer einer beweglichen Sache nicht deren Eigentümer war, der Erwerber aber diesen Umstand nicht gekannt, auch seine Unkenntnis nicht auf grober Fahrlässigkeit beruht hat, so erlangt der Erwerber durch die Uebergabe der Sache gleichwohl das Eigentum. Nur wenn die veräusserte Sache gestohlen oder verloren oder in anderer Weise ohne den Willen des bisherigen Eigentümers aus seiner Inhabung gekommen ist, so wird das Eigentum an derselben trotz der erfolgten Uebergabe nicht erworben (§ 877. 879 d. Entw.). Aber auch in diesem letzteren Falle kann der Eigentümer die ihm ohne seinen Willen abhanden gekommene Sache von dem redlichen Erwerber nur gegen

Ersatz des Kaufpreises zurückverlangen, welchen dieser für die Sache hat bezahlen müssen (§ 939 d. Entw.).

Diese Bestimmungen, welche ich der leichteren Verständlichkeit wegen nur in ihren äussersten Umrissen dargestellt habe, stammen aus dem deutschen Recht, sie sind aber erst in den neueren Gesetzgebungen genauer ausgebildet und dann in dem deutschen Entwurf, wie gewöhnlich, bis zu ihren äussersten Konsequenzen gesteigert worden. Das Römische Recht, welches wirklich auf privatrechtlichen Grundlagen beruht, hat sich wohl gehütet, ähnliche Rechtssätze aufzustellen, welche naturgemäss den Keim des Widerspruchs und der Zersetzung in die Eigentumsordnung tragen müssen.

Denn jene Bestimmungen enthalten, wenn man die Sache bei ihrem rechten Namen benennen will, eine umfassende und dauernde Konfiskation des Privateigentums zu gunsten der Sicherheit des Verkehrs. Darnach wird der Eigentümer einer Sache, dem gar kein oder doch ein geringes Verschulden zur Last fällt, seines Eigentums in unzähligen Fällen zu gunsten des neuen Erwerbers beraubt, mag dieser sich auch in gleichem oder gar in einem grösseren Verschulden befinden. Und doch sollte man glauben, dass für ein Rechtssystem, welches sich wirklich innerhalb des privatrechtlichen Gedankenkreises halten will, der sichere Genuss eines rechtmässig erworbenen Privatrechts ein Interesse ist, welches die Rücksicht auf die Sicherheit des Verkehrs und des Güterumlaufes weit überwiegt.

Ich erblicke in diesen Bestimmungen einen Sieg des Handelsgeistes über die Eigentumsordnung, des Verkehrsrechts über das Sachenrecht (vgl. oben XIII.).

Schwerlich werden die Verfasser des Entwurfs, als sie die Gedanken des deutschen Rechts bis zu ihren schroffsten Konsequenzen trieben, sich die sozialen Konsequenzen ihrer Anschauungen zum Bewusstsein gebracht haben. Dem Proletarier, welcher durch seine Armut dem Mangel preisgegeben ist, hält man die Heiligkeit des Eigentums entgegen. Hier aber, in der Mitte des bürgerlichen Gesetzbuchs, sollen Bestimmungen ihren Platz finden, durch welche das redlich erworbene Eigentum eine schwerere Beeinträchtigung erleiden muss, als jemals durch die verrufensten Konfiskationen geschehen ist. Denn die Gütereinziehungen, welche gewaltthätige Monarchen und Parlamente zu verschiedenen Zeiten verfügt haben, waren doch immer vorübergehende Akte, welche sich nur auf bestimmte Gattungen von Gütern bezogen. Durch die Bestimmungen des bürgerlichen Gesetzbuchs wird aber das gesamte Nationalvermögen einer beschränkt, aber stetig wirkenden Enteignung zu gunsten der Sicherheit des Verkehrs preisgegeben.

XXXII.

Nichts hat die Umbildung des Sachenrechts in der staatssozialistischen Richtung so sehr verdeckt, als die Trennung der Justiz von der Verwaltung, welche überall auch eine Scheidung des Rechtsstoffes in der Gesetzgebung und in der Wissenschaft zur Folge gehabt hat. Etwa seit der Mitte des vorigen Jahrhunderts haben die europäischen Kulturstaaten ihre verwaltende Thätigkeit in's Ungemessene gesteigert und da diese innerhalb der Eigentumsordnung auszuüben war, so mussten das Eigentum und die übrigen dinglichen Rechte ihres

Inhalts immer mehr entleert werden. An die Stelle der Willkür, mit welcher vormals der Eigentümer über die Sache verfügte, trat überall die Aufsicht und die Mitwirkung des Staates. Da jedoch das Zivil- und Verwaltungsrecht in getrennten Disziplinen behandelt werden, so hat die Privatrechtswissenschaft in ihrer konservativen Weise die alten Begriffsbestimmungen des Eigentums bis in die Gegenwart festgehalten.

Der Entwurf eines deutschen bürgerlichen Gesetzbuches vermeidet zwar eine förmliche Bestimmung des Eigentumsbegriffes; vielmehr sagt derselbe (§ 848) nur, dass der Eigentümer das Recht hat, mit Ausschliessung anderer nach Willkür mit der Sache zu verfahren und über dieselbe zu verfügen, soweit nicht Beschränkungen dieses Rechtes durch Gesetz oder durch Rechte Dritter begründet sind. Unter diesen beschränkenden Gesetzen ist, wie aus dem Entwurf eines Einführungsgesetzes zum bürgerlichen Gesetzbuch (Art. 66 und Mot. S. 192) zu entnehmen ist, namentlich auch die umfangreiche Verwaltungsgesetzgebung zu verstehen, die nach der Verfassung des deutschen Reichs vorherrschend der Kompetenz der einzelnen Bundesstaaten anheimfällt.

Nach jener Begriffsbestimmung des Entwurfs könnte man nun glauben, dass auch noch gegenwärtig die willkürliche Herrschaft des Eigentümers über die Sache die weit überwiegende Regel, die Einwirkung des Staates und der Gesetzgebung eine verhältnismässig seltene Ausnahme bildet. In Wirklichkeit ist dies aber seit geraumer Zeit nicht mehr der Fall. Längst ist der Kulturstaat infolge der Entwicklung des öffentlichen Rechts aus einem uneigennützigen Freund und Beschützer zu einem unbequemen Genossen des Eigentümers geworden, der in hochfahrendem Tone Mitherrschaft und Mitbenützung des Eigentums heischt. Diese Teilnahme des Staates hat teils einen wirtschaftlichen, teils einen juristischen Charakter.

In wirtschaftlicher Beziehung wird die Mitherrschaft des Staates durch die Finanzgesetzgebung ausgeübt. Von dem arbeitslosen Einkommen, welches gerade die wichtigsten Vermögensobjekte dem Eigentümer abwerfen, erhebt der Staat überall einen Löwenanteil. So betragen die Steuern, welche in den grösseren Städten Oesterreichs dem Staat und den staatlichen Verbänden zufallen, fast die Hälfte des Mietsbetrages; auch die übrigen Liegenschaften sind in entsprechender Weise besteuert. In Deutschland ist zwar das Privateigentum durch die staatlichen Abgaben vorläufig noch entfernt nicht so belastet wie in Oesterreich; allein die fortschreitende Entwicklung der militärischen und sozialen Gesetzgebung wird auch in den deutschen Staaten zu ähnlichen Zuständen führen.

Ebenso wie die staatliche Besteuerung heute schon vielfach den Charakter einer Mitbenützung des Nationalvermögens an sich trägt, so erlangt der moderne Staat durch seine Verwaltung immer mehr eine Mitherrschaft an dem Privateigentum. Das Souveränetätsgefühl, welches der römische Dominus mit Recht empfinden konnte, ist dem heutigen Eigentümer naturgemäss vollständig fremd. Gerade die Eigentümer der ländlichen und noch mehr der städtischen Liegenschaften, welche überall den Grundstock des Nationalvermögens bilden, sind bei Benützung ihres Eigentums auf Schritt und Tritt an die Kontrolle und Zustimmung der Verwaltungsbehörden gebunden. Es wäre unmöglich, hier alle Zweige der Wohlfahrtspolizei besonders anzuführen, welche einen mehr oder weniger tiefen Eingriff in die willkürliche Verfügung des Eigentümers über sein Eigentum bedingen; ich erwähne nur die Flur-, Forst-, Berg-, Wasser-, Strassen-, Gewerbe-, Feuer-, Bau- und Gesundheitspolizei und das Enteignungsrecht. Kaum vergeht in den Kulturstaaten ein Jahr, welches dem überlieferten Schatz von Polizeimassregeln, wodurch die Herrschaft des Eigentümers eingeschränkt wird, nicht noch ein Namhaftes hinzufügt.

Alle diese Einschränkungen des Privateigentums werden allerdings in andern Handbüchern als in den Kompendien des Zivilrechts dargestellt, und es ist bekannt genug, dass dieser Umstand die Gelehrten oft schärfer als Länder und Meere von einander scheidet. Aber wäre es nicht an der Zeit, diese immerhin dünne Scheidewand endlich zu durchbrechen und die kümmerliche Stellung des heutigen Eigentümers schon in der Definition des bürgerlichen Gesetzbuchs zu kennzeichnen? Dies könnte durch eine leichte Abänderung des § 848 d. Entw. geschehen, welche auf den ersten Blick mehr formeller Natur erscheint, gleichwohl aber für die ganze Auffassung des modernen Eigentums von grösster prinzipieller Bedeutung ist. Es müsste nämlich statt der oben mitgeteilten Fassung des § 848 bestimmt werden, dass der Eigentümer einer Sache das Recht hat, innerhalb der Schranken des Gesetzes mit Ausschliessung anderer nach Willkür mit der Sache zu verfahren und über dieselbe zu verfügen, soweit nicht Einschränkungen durch Rechte Dritter begründet sind. Dadurch würde, dem heutigen Rechtszustand entsprechend, sofort durch die Begriffsbestimmung des Eigentums angedeutet, dass der Eigentümer seine willkürliche Herrschaft über die Sache nur innerhalb der engen und täglich sich mehr verengenden Schranken des Gesetzes ausüben darf, ähnlich einem Verwaltungsbeamten, der seine Aufgabe gleichfalls innerhalb der Schranken des Gesetzes nach freiem Ermessen zu erfüllen hat.

Entspricht jene Begriffsbestimmung schon dem heutigen Rechtszustand, so wird sie sich in der Zukunft desto sicherer bewähren. Die heutige Aushöhlung und Entleernng des Eigentumsbegriffes ist das Ergebnis einer Gesetzgebungsarbeit von weniger als zweihundert Jahren, und es lässt sich mit Sicherheit voraussagen, dass der Strom der künftigen Rechtsentwicklung sich in derselben Richtung mit beschleunigter Geschwindigkeit bewegen wird. Das Ende dieses geschichtlichen Prozesses wird allerdings darin bestehen, dass das Eigentum und damit das ganze Privatrecht vollständig von dem öffentlichen Recht überflutet wird, ähnlich der Insel Helgoland, von welcher jährlich ein Stück abbröckelt und die schliesslich in den Wellen des Ozeans untergehen muss.

XXXIII.

Mit der inneren Abschwächung des Eigentums läuft in dem Entwurf eine schroffe Abschliessung der Eigentumsordnung gegen die besitzlosen Volksklassen einher. Das Eigentum, welches naturgemäss nur mit Schwierigkeiten erwiesen werden kann und deshalb für die grossen Volksmassen nicht leicht erkennbar ist, wird in keinem Rechtszustand genügen, um die entscheidende Linie zwischen Besitz und Armut mit genügender Deutlichkeit zu ziehen. Hierzu bedarf es einer äusserlich sichtbaren Thatsache, die den Massen fur sich und ohne Rücksicht auf vergangene Handlungen und Zustände den grossen Gegensatz verkündet. Diese Thatsache ist der Besitz. Mit grosser Feinheit unterscheidet deshalb der deutsche Sprachgebrauch zwischen den besitzenden und den besitzlosen Volksklassen, obgleich doch der Gegensatz zwischen beiden eigentlich durch das Privateigentum hervorgebracht wird.

Seit Jahrhunderten ist es zwischen Juristen und Rechtsphilosophen eine beliebte Streitfrage, ob der Besitz eine Thatsache oder ein Recht ist. Von dem Standpunkt, der in der vorliegenden Schrift vertreten wird (III. und IV.), ist jene Schulfrage leicht zu beantworten. Der Besitz und das Eigentum sind gleichmässig rein thatsächliche Machtverhältnisse, nur dass im Falle des Streites der erstere dem letzteren wenigstens in letzter Auflösung weichen muss. Dies kann aber niemand befremden, weil auch auf anderen Gebieten im Falle des Zusammenstosses die geringere Macht von der grösseren überwunden wird.

Nach den geltenden Rechtssystemen wird meistens der Besitzschutz an den Besitz in der technischen Bedeutung dieses Wortes geknüpft. Der Besitz in diesem Sinne ist auch dem Entwurf bekannt. Der Besitz einer Sache — sagt § 797 des Entwurfs — wird erworben durch die Erlangung der thatsächlichen Gewalt über die Sache (Inhabung) in Verbindung mit dem Willen des Inhabers, die Sache als die seinige zu haben (Besitzwille). Doch gibt der Entwurf diese Begriffsbestimmung des Besitzes nicht zu dem Ende, um diesen als Voraussetzung des Besitzschutzes hinzustellen. Vielmehr ist der Besitz nach dem Entwurf lediglich für den Eigentumserwerb von Bedeutung, wo er namentlich bei der Ersitzung, der Uebergabe und der Zueignung von Sachen eine wichtige Rolle spielt.

Der ganze Besitzschutz ist in dem Entwurf vielmehr an die blosse Inhabung geknüpft, d. h. an jene thatsächliche Gewalt über die Sache, mit welcher der Besitzwille nicht notwendig verbunden zu sein braucht. Der Besitzschutz steht also auch dem Mieter, dem Pächter, dem Entleiher zu, obgleich diese die Sache gar nicht als die ihrige haben wollen (§ 814 ff. d. Entw.).

Zu dem Besitzschutz im weitesten Sinne gehört vor allem das Recht des Inhabers einer Sache, wenn ein Dritter ihm dieselbe ohne seinen Willen entziehen will, sich einer solchen verbotenen Eigenmacht mit Gewalt zu erwehren (§ 815 d. Entw.). Vom sozialen Standpunkt ist diese Selbstverteidigung die weitaus wichtigste Garantie für die Aufrechterhaltung der Besitzordnung. Ist aber die Selbstverteidigung gar nicht oder ohne Erfolg versucht worden, so wird der Inhaber durch zivil- und namentlich auch durch strafrechtliche Klagen in seiner thatsächlichen Gewalt geschützt (§ 819 fg. des Entwurfs und § 123 fg., 342; 242 fg.; 249 fg. St.G.B.). Ja der Entwurf gestattet (§ 815) dem Inhaber das Recht der Selbstverteidigung auch gegenüber demjenigen, für welchen er die Sache innehat. »Das Gewaltverbot begründet für den Inhaber eine absolut geschützte Rechtsstellung« (Mot. III, 110). So wird also zum Beispiel der Mieter, der Pächter, der Entleiher einer Sache, auch wenn die Zeit seiner Nutzung bereits verstrichen ist, den Eigentümer und

Besitzer mit Gewalt zurückweisen dürfen, wenn dieser seine Sache nach geendigtem Gebrauche nunmehr zurücknehmen will.

Gestehen wir offen, dass durch diese Bestimmungen, wenn sie einmal vollständig in das Volksbewusstsein eindringen, eine Art gelinden Faustrechts geschaffen wird. Allerdings hat das Strafrecht seit jeher durch die Strafbestimmungen über den Land- und Hausfriedensbruch, den Diebstahl, den Raub und ähnliche Verbrechen weniger das Eigentum, als die thatsächlichen Gewaltverhältnisse: die Inhabung geschirmt. Allein der zivilrechtliche Besitzschutz behielt in den meisten Rechtssystemen dadurch eine nahe Beziehung zur Eigentumsordnung, dass derselbe nur dem Inhaber mit Besitzwillen gewährt wurde. Um die Vorteile des Besitzschutzes zu erlangen, musste der Inhaber zwar nicht Eigentümer sein, aber er musste es zum mindesten sein wollen.

Diese Verbindung des Besitzschutzes mit der Eigentumsordnung hat nun der Entwurf im Anschluss an ähnliche Tendenzen in der bisherigen Praxis und Gesetzgebung vollständig gelöst. In Zukunft soll das thatsächliche Gewaltsverhältnis zu der Sache als solches, also die Inhabung in ihrer brutalen Nacktheit, als Grundlage für die Gewährung des Besitzschutzes dienen. Wie in so vielen Fragen, so hat der Entwurf auch hier alles auf die Spitze getrieben und auf diese Weise unabsichtlich die letzten Gedanken des Privatrechtssystems verraten. Denn die Besitzordnung ist die den besitzlosen Klassen zugewendete Seite der Eigentumsordnung; sie bildet in Verbindung mit den strafrechtlichen Bestimmungen über die Eigentumsverbrechen gleichsam die Vortruppen, welche die besitzlosen Klassen verhindern sollen, an die Hauptmacht, nämlich an die Eigentumsordnung, zu gelangen. Und je handgreiflicher die Thatsachen und Zustände sind, an welche die Rechtsordnung den Besitzschutz knüpft, desto sicherer kann der Gesetzgeber erwarten, dass jene Grenzlinie zwischen den Besitzenden und den Besitzlosen, auf deren Aufrechterhaltung im Privatrecht alles ankommt, nicht übersprungen wird.

XXXIV.

Die nützlichen Dinge, deren wir zur Erhaltung und Förderung unseres individuellen Daseins bedürfen, werden durch die Thätigkeit der arbeitenden Klassen hervorgebracht und diese haben einen Anspruch auf das gesamte Produkt ihrer Arbeit [1]). Auf dieser Arbeitsorganisation lastet aber die Eigentumsordnung, durch welche bewirkt wird, dass zahlreichen Gruppen von begünstigten Personen (den Besitzenden) ein arbeitsloses Einkommen zugewendet wird. Das arbeitslose Einkommen der besitzenden Volksklassen, welches in Grundrente und Kapitalgewinn zerfällt, wird freilich von vielen als eine gerechte Belohnung für die Leitung der gesamten Arbeitsorganisation angesehen. Aber einesteils steht das arbeitslose Einkommen der Besitzenden, auch wenn diese überhaupt als Leiter des Arbeitsprozesses auftreten, mit ihrem wirtschaftlichen Verdienst fast niemals in einem richtigen Verhältnis, und andererseits erlangen die arbeitenden Klassen immer mehr die Fähigkeit, die Führung der Arbeitsorganisation selbst zu übernehmen.

---

1) Vergl. meine Schrift: Das Recht auf den vollen Arbeitsertrag in geschichtlicher Darstellung. 1886.

Die Entwicklung des privaten und öffentlichen Rechts hat nun die Aufgabe, die Arbeitsorganisation im Wege einer langsamen Reform von der Eigentumsordnung zu entlasten, wobei die Beseitigung des Feudalsystems als Muster dienen kann. Auch die Arbeitsorganisation des Mittelalters war von dem Feudalismus bis in ihre letzten Ausläufer umklammert und umsponnen; dennoch hat die Gesetzgebung das Feudalsystem immer mehr zurückgedrängt, bis in dem laufenden Jahrhundert dessen letzte Reste durch die Grundentlastung und andere Massregeln beseitigt wurden. In ähnlicher Weise sehen wir die wirtschaftliche und soziale Gesetzgebung unserer Zeit, allerdings in gemessenen Schritten, sich gegen das Ziel einer allgemeinen Eigentumsentlastung bewegen.

Aber auch das bürgerliche Recht könnte die Eigentumsentlastung dadurch in wirksamer Weise vorbereiten, dass es Vermögensobjekte, welche aus der Eigentumsordnung hinausgefallen sind, den arbeitenden Klassen zuweist. Der wichtigste Fall dieser Art ist die erblose Verlassenschaft, von welcher später in der Besprechung des Erbrechts die Rede sein wird. In dem Sachenrecht kommen nur die herrenlosen Sachen in Betracht, sei es, dass die Sache sich noch niemals im Privateigentum befunden hat, sei es, dass dieses von dem Eigentümer wieder aufgegeben worden ist. Zu den herrenlosen Sachen kann man in Beziehung auf unsere Frage auch gefundene Sachen und Schätze rechnen.

Nach dem Entwurf soll ein Grundstück, wenn es dadurch herrenlos wird, dass der bisherige Eigentümer sein Eigentum in gehöriger Form aufgibt, von demjenigen erworben werden, der nach den Landesgesetzen zu der Zueignung von Grundstücken befugt ist (§ 872 d. Entw.). Wie aus den Motiven (III, 326) hervorgeht, ist nach den Gesetzen der wichtigsten deutschen Bundesländer teils der Staat, teils die Gemeinde zur Aneignung solcher Liegenschaften berechtigt. In den Motiven wird dieses Zueignungsrecht, wie ich glaube mit Unrecht, als ein Teil des öffentlichen Rechtes der deutschen Bundesstaaten angesehen und demgemäss von der Regelung im bürgerlichen Gesetzbuch ausgeschlossen.

Was die Zueignung von herrenlosen beweglichen Sachen betrifft, so steht der Entwurf vollständig auf dem extrem individualistischen Standpunkt des Römischen Rechts, welches kein Vermögensobjekt für wohlgeborgen hält, wenn es sich nicht in den Händen einer Privatperson befindet. Der Entwurf gestattet also in der Regel jedermann die Zueignung einer herrenlosen beweglichen Sache; doch macht derselbe eine Ausnahme gerade in Ansehung jener Sachen, deren Okkupation für die unteren Volksklassen von besonderer Wichtigkeit wäre, indem die Zueignung dann ausgeschlossen erscheint, wenn sie (z. B. durch die Normen über das Bernsteinregal) gesetzlich verboten ist, oder wenn sie das Zueignungsrecht eines anderen, z. B. sein Jagdrecht verletzt (§ 903 des Entwurfs und Mot. III, 370). Auch bei der Auffindung eines Schatzes soll dem Staat nach dem Entwurf kein Anteil zustehen und zwar selbst in jenen Fällen nicht, in welchen manche Partikularrechte (z. B. das Allg. Preussische L.R. I, 9, § 85 fg.) dem Fiskus einen solchen zuerkennen; vielmehr soll der Schatz zur Hälfte dem Finder und zur andern Hälfte dem Eigentümer der Sache zufallen, in welcher der Schatz verborgen war (§ 928 des Entwurfs und die Mot. III, 391). Nur bei gefundenen Sachen erlangt das Reich, das Land, die Gemeinde unter Umständen das Eigentum der Sache oder des Erlöses, wenn der Finder seinen Anspruch nicht geltend macht oder die Sache in den Geschäftsräumen oder in den Transportmitteln einer öffentlichen Behörde oder einer öffentlichen Verkehrsanstalt gefunden worden ist (§ 923, 924; vgl. auch § 927 des Entwurfs).

Diese Bestimmungen über die Zueignung herrenloser Sachen ragen als der letzte Rest einer längst entschwundenen wirtschaftlichen und politischen Verfassung in unsere Zeit herein und bedürfen gewiss einer gründlichen Umbildung in der Richtung, dass die Rechte der Gemeinschaft gegenüber den Okkupanten erheblich vermehrt werden. Aber mit Unrecht würde man in unserem Falle den Staat und die staatlichen Verbände als die Vertreter der Gemeinschaft ansehen, so oft auch dieser Standpunkt in älteren und neueren Gesetzgebungen vertreten worden ist. Unser heutiger Staat erblickt seine wichtigste Aufgabe in der Aufrechterhaltung der bestehenden Machtverhältnisse und er ist weit davon entfernt, ein Arbeits- und Wirtschaftsstaat zu sein; er hat deshalb auch kein Recht, die Produkte der Arbeit, wenn sie aus der Eigentumsordnung hinausfallen, an sich zu ziehen.

Die natürlichen Berechtigten sind vielmehr in diesem Falle die arbeitenden Volksklassen. Lange mangelte es ihnen an einer ökonomischen Vertretung und es musste deshalb der Anteil an den herrenlosen Sachen dem Staate und den staatlichen Verbänden zugewiesen werden. Heute aber besteht eine solche Vertretung in den Kassen und Anstalten, welche zur Versicherung der arbeitenden Volksklassen gegen Krankheiten, Unfälle, Alter und Invalidität teils bereits errichtet worden sind, teils demnächst errichtet werden sollen. Diesen, nicht dem Staate, sollten deshalb die Vorteile aus der Zueignung herrenloser Sachen (sowie auch die erblosen Verlassenschaften) zugewiesen werden.

Ich begnüge mich hier mit dieser prinzipiellen Andeutung; ins einzelne gehende Vorschläge können heute nicht gemacht werden, wo jene Versicherungsanstalten noch in einer raschen Aus- und Umbildung begriffen sind. Insbesondere halte ich es für wahrscheinlich, dass die verschiedenen Organisationen, welche zur Erreichung ganz ähnlicher Zwecke nebeneinander bestehen, schliesslich in einen Körper verschmolzen werden. Zu der Zeit aber, wo die deutsche Gesetzgebung die letzte Hand an das bürgerliche Gesetzbuch legen wird, dürfte die Versicherung der arbeitenden Volksklassen auch schon eine abgeschlossene Organisation erlangt haben.

XXXV.

Es wäre leicht, den Grundgedanken der obigen Darstellung, dass die Eigentumsordnung des Entwurfs nach aussen schroff, nach innen schwach und willkürlich ist, durch eine Fülle von Einzelbestimmungen näher zu begründen. Eine solche Ausführung würde jedoch die Mitteilung eines umfassenden juristischen Details notwendig machen und sich dadurch von vornherein dem allgemeinen Verständnis entziehen. Nur dies mag bemerkt werden, dass das Eigentum, wie es der deutsche Entwurf im Anschluss an die bisherige Rechtsentwicklung darbietet, sich als ein Rechtsinstitut darstellt, welches den Höhepunkt seiner Geltung schon überschritten hat und den Keim der grössten Veränderungen in sich birgt.

Fragt man aber nun, wie unsere Rechtsentwicklung, obgleich sie zweifellos von rein privatrechtlichen Ideen gelenkt war, zu einem solchen Ergebnis gelangen konnte, so darf man nicht vergessen, dass der Gegensatz zwischen den besitzenden und den besitzlosen Volksklassen auf dem Gebiete des Sachenrechts zwar ein sehr scharfer, aber doch auch ein sehr begrenzter ist. Hier kann es den besitzenden Volksklassen nur darauf ankommen, die besitzlosen Massen von Eingriffen in die Eigentumsordnung überhaupt zurückzuhalten, was namentlich durch die Strafandrohungen gegen die Eigentumsverbrechen und durch den Besitzschutz geschieht. Dagegen befinden sich die besitzenden Klassen, wenn ich mich so ausdrücken darf, in Beziehung auf die Ausbildung des Sachenrechts im einzelnen ganz unter sich und sie können sich in dieser Richtung von den weitestgehenden Zweckmässigkeitsgründen leiten lassen. Es ist gewiss charakteristisch, dass diese Sachlage nicht zu einer Stärkung, sondern zu einer fortschreitenden Selbstverneinung und Zersetzung des Eigentums geführt hat.

Der Zusammenstoss zwischen den vermögensrechtlichen Interessen der besitzenden und der besitzlosen Volksklassen findet vorherrschend auf dem Gebiete des Obligationenrechts statt. Freilich enthält dieses Rechtsgebiet manche Institute, welche die Interessen der besitzlosen Volksklassen gar nicht berühren und die nur bei den Besitzenden vorzukommen pflegen. Dagegen normiert das Obligationenrecht auch jene Verträge, durch welche die wohlhabenden Bevölkerungsschichten das arbeitslose Einkommen von Seite der besitzlosen Volksklassen erheben und durch die sie die Eigentumsordnung erst für sich vollständig nutzbar machen können.

Es ist in dieser Richtung zu unterscheiden, ob der Eigentümer selbst wirtschaftet, oder ob er die Benützung der ihm gehörigen Vermögensobjekte Anderen überlässt. Im ersten Falle verschafft sich der Eigentümer regelmässig durch den Kauf- und Lohnvertrag die Elemente der Produktion, deren Ergebnisse dann wieder durch den Kaufkontrakt veräussert werden. Die Differenz zwischen Ausgabe und Einnahme nach Abrechnung des Betrags, welcher dem Eigentümer für seine Thätigkeit gebührt, bildet das arbeitslose Einkommen (Grundrente, Kapitalgewinn). Verrichtet der Eigentümer selbst die erforderliche Arbeit, so entfällt natürlich der Lohnvertrag.

Ueberlässt dagegen der Eigentümer die ihm gehörigen Vermögensobjekte einem Andern zur Nutzung, so kann dies namentlich durch den Darlehens-, Miet- und Pachtvertrag geschehen. In dem Darlehens-, Miet- und Pachtzins erscheint das arbeitslose Einkommen in seiner reinsten Gestalt. Damit derjenige, welchem die Nutzung der Sache überlassen wird, das arbeitslose Einkommen an den Eigentümer entrichten kann, muss er selbst die Wirtschaft in der oben angegebenen Weise führen. Natürlich können alle diese wirtschaftlichen und juristischen Operationen auch in den mannigfaltigsten Kombinationen und Umbildungen vorkommen.

An den dargestellten Mechanismus ist in unserer Zeit der vorherrschenden Geldwirtschaft, welcher die Sklaverei, die Leibeigenschaft und ähnliche Herrschaftsverhältnisse fremd sind, die Erhebung des arbeitslosen Einkommens und damit auch die ganze soziale Stellung der besitzenden Klassen geknüpft. Vom sozialen Standpunkt ist deshalb der Lohn-, Kauf-, Miet-, Pacht- und bis zu einem gewissen Grade auch der Darlehens-Vertrag von entscheidender Bedeutung. Freilich werden diese Verträge oft genug auch zwischen Angehörigen der besitzenden Volksklassen abgeschlossen; allein der entscheidende sozialpolitische Gedanke, welcher das Obligationenrecht unserer bürgerlichen Gesetzbücher beherrscht, ist doch kein anderer, als den Besitzenden in der Erhebung des arbeitslosen Einkommens vollständig freie Hand zu gewähren. Daher fehlt in dem deutschen Entwurf, wie in den übrigen Privatrechtssystemen, auf dem Gebiete der Schuldverhältnisse jene tiefe Einwirkung, welche der Staat innerhalb des Sachenrechts (namentlich durch das Grundbuchswesen) in so umfassendem Masse ausübt; hier mag vielmehr jedermann seine Interessen selbst wahrnehmen, hier wird fingiert, dass der Reiche und der Arme sich als ebenbürtige Vertragsteile gegenüberstehen, hier herrscht mit einem Wort das rein privatrechtliche System der Vertragsfreiheit. Wie sich das vom Prinzip der Vertragsfreiheit beherrschte Obligationenrecht im einzelnen gestaltet, soll in der folgenden Abhandlung dargestellt werden.

Vierte Abteilung.

Das Obligationenrecht des Entwurfs eines bürgerlichen Gesetzbuchs für das deutsche Reich. (Das Recht der Schuldverhältnisse.)

XXXVI.

Der Entwurf regelt in seinem zweiten Buch (Recht der Schuldverhältnisse) jene Obligationen, welche aus Rechtsgeschäften unter Lebenden, namentlich auch aus Verträgen, ferner aus unerlaubten Handlungen, endlich drittens »aus anderen Gründen« entspringen. Nach der Absicht der Verfasser hat das zweite Buch ihres Entwurfs keineswegs die Bestimmung, alle im bürgerlichen Rechte vorkommenden Schuldverhältnisse zu behandeln. Vielmehr sind die Obligationen, welche aus sachen-, familien- und erbrechtlichen Verhältnissen entstehen, in den betreffenden Büchern geregelt, und es sollen nach den Motiven (II, 4) nur die allgemeinen Lehren, welche das zweite Buch über die Schuldverhältnisse überhaupt aufstellt, auch auf diese Fälle Anwendung finden.

Thatsächlich ist das Obligationenrecht, wie es uns der Entwurf und so zahlreiche wissenschaftliche und gesetzgeberische Arbeiten bieten, ein rein geschichtlicher Sammelbegriff, der noch heute im wesentlichen auf dem römischen Satze beruht, dass jedes Schuldverhältnis entweder aus einem Vertrag oder aus einer unerlaubten Handlung entspringt. Hieran hat sich allerdings schon bei den Römern, noch mehr aber in der neueren Rechtsbildung eine dritte Gruppe angeschlossen, welche jene Schuldverhältnisse umfasst, die »aus anderen Gründen«, z. B. aus einer ungerechtfertigten Bereicherung, aus einer Geschäftsführung ohne Auftrag entstehen. Allein einesteils sind diese Obligationen sehr leicht im Vertragsrecht unterzubringen, wenn man die Verträge nicht bloss nach juristischen, sondern auch nach wirtschaftlichen Rücksichten gruppiert, und dann ist diese dritte Gruppe, — eine blosse Verlegenheitskategorie — vom Standpunkt der sozialen Massenwirkungen ohne grosse Bedeutung.

Alle wichtigeren Schuldverhältnisse entspringen also entweder aus einem Vertrag oder aus einer unerlaubten Handlung. Aber hat auch diese uralte Zusammenstellung mehr als historische Bedeutung? Diese Frage ist nach meiner Auffassung zu verneinen. In dem Obligationenrecht eines bürgerlichen Gesetzbuchs ist vielmehr nur das Vertragsrecht in Verbindnng mit jenen Obligationen zu regeln, welche »aus anderen Gründen« entstehen; die Darstellung der Schadenersatzverpflichtungen, die aus unerlaubten Handlungen entspringen, wird richtiger aus dem System des bürgerlichen Rechtes vollständig ausgeschieden.

Die richtigste Stellung würde die Schadenersatzverpflichtung in einem allgemeinen Gesetzbuch über die unerlaubten Handlungen finden, welches neben den Strafbestimmungen des allgemeinen, sowie des Polizei-

und Verwaltungsstrafrechts auch noch die privatrechtlichen Normen über den Schadenersatz aus unerlaubten Handlungen zu umfassen hätte. Nur die Bestimmungen über die Schadenersatzverpflichtung, welche daraus entsteht, dass der Schuldner eine vertragsmässige Obligation entweder gar nicht oder doch nicht gehörig erfüllt, wären dem bürgerlichen Gesetzbuch vorzubehalten.

Nur in einem solchen allgemeinen Gesetzbuch über die unerlaubten Handlungen könnte der Gesetzgeber die zivil- und strafrechtlichen Folgen der einzelnen Vergehen in das richtige Verhältnis bringen, um einerseits die von dem Schuldigen begangene Interessenverletzung nach Möglichkeit wieder gut zu machen und andererseits der Wiederholung ähnlicher Handlungen wirksam vorzubeugen. Gegenwärtig fehlt es in der Wissenschaft wie in der Gesetzgebung an einem solchen Zusammenwirken des Zivil- und Strafrechts. Und zwar sind es naturgemäss die Interessen der besitzlosen Volksklassen, welche bei diesem Zwiespalt zwischen der Zivil- und Strafgesetzgebung ihre gerechte Befriedigung nicht erlangen können.

Jede unerlaubte Handlung richtet sich entweder gegen die Person des Verletzten oder gegen sein Vermögen. Die Vermögensschäden, welche etwa den besitzlosen Volksklassen zugefügt werden können, sind natürlich ohne grosse soziale Bedeutung. Desto wichtiger sind für sie die persönlichen Güter, die ja regelmässig ihr einziges Besitztum sind: das Leben, die körperliche Unverletztheit, die Gesundheit, die Freiheit, die Ehre mit Einschluss der Frauenehre, die Arbeitskraft, die Sittlichkeit. Von diesen persönlichen Gütern sind namentlich jene, welche (wie die Arbeitskraft und die Frauenehre) den Gegenstand grosser Interessenkonflikte zwischen den Besitzenden und den Besitzlosen bilden, weder im Zivil- noch auch im Strafrecht, weder gegen die Schädigung in Vertragsverhältnissen, noch auch gegen unerlaubte Handlungen hinreichend geschützt. Hier ist deshalb das Gebiet, wo die besitzlosen Volksklassen die gerechtesten Rückforderungsansprüche erheben können.

Freilich wird dieser unbefriedigende Rechtszustand in erster Reihe durch die einseitige Vorliebe unserer bürgerlichen Gesetzgebung für die Interessen der besitzenden Volksklassen herbeigeführt. Schon oben (XX. und folg.) habe ich gezeigt, wie wenig die Ehre der ärmeren Frauenspersonen durch die geltende Gesetzgebung geschützt ist und ähnliche Beweise in anderer Richtung sollen im weiteren Laufe dieser Darstellung noch geliefert werden. Schwerlich wäre aber diese schroffe Einseitigkeit in einem allgemeinen Gesetzbuch über die unerlaubten Handlungen möglich gewesen, wo der erste Blick die Zurücksetzung der persönlichen Güter der Besitzlosen im Vergleiche mit den Vermögensinteressen der Reichen zeigen würde. Werden dagegen die zivilrechtlichen Folgen der unerlaubten Handlungen in einem Abschnitt des privatrechtlichen Vermögensrechts behandelt, so ist es ganz natürlich, dass in den Bestimmungen über den Schadenersatz vorzüglich die Verletzungen der Vermögensinteressen ins Auge gefasst werden.

Thatsächlich stellt denn auch der Entwurf (§ 221) den wichtigen Grundsatz auf, dass eine Entschädigung wegen eines andern als eines Vermögensschadens nur in den vom Gesetz bestimmten Fällen gefordert werden kann. Eine dieser Ausnahmen haben wir schon früher (XXV.) kennen gelernt, indem der Richter, wenn der uneheliche Beischlaf durch eine Notzucht oder bestimmte schwere Sittlichkeitsverbrechen herbeigeführt worden ist, der geschwächten Frauensperson auch ohne Nachweis eines Vermögensschadens eine billige Geldentschädigung zusprechen kann (§ 728 d. Entw.). Dieselbe Befugnis wird dem Richter nach dem Entwurf auch im Falle einer vorsätzlichen oder fahrlässigen Körper- und Gesundheits-Verletzung, einer vorsätzlichen oder fahrlässigen Freiheitsentziehung und in einigen anderen Fällen zustehen (§ 726, 727 des Entw. u. s. f.). Aber immer bleibt die Regel bestehen, dass im Schadenersatzrecht nur die Vermögensinteressen der besitzenden Bevölkerungsschichten vollen Schutz finden, und so natürlich dieser Rechtssatz in einem Schadenersatzrecht erscheint, welches einen Bestandteil des privatrechtlichen Vermögensrechts bildet, so wird doch das Obligationenrecht dadurch von vornherein zu Ungunsten der besitzlosen Volksklassen in dem entscheidendsten Punkte beeinflusst.

Wie unzweckmässig es ist, zwei so verschiedenartige Rechtsgebiete wie das Vertrags- und das Schadenersatzrecht in dem gemeinsamen Rahmen des Obligationenrechts zusammenzufassen, mag auch noch folgende Erwägung beweisen. Unser heutiges Vertragsrecht ist nichts als die privatrechtliche Organisation der Arbeit; in die grosse Arbeitsgemeinschaft, welche die Arbeitenden aller Länder verbindet, wird nach der privatrechtlichen Auffassung dadurch Ordnung und Zusammenhang gebracht, dass die einzelnen Mitglieder jener Gemeinschaft sich durch formell freie Verträge gegenseitig unterwerfen. Diese Gesellschaftsform trägt einen rein positiven Charakter; in dem sozialistischen Staate würde an ihre Stelle die völlig verschiedene Arbeitsorganisation durch Befehl des Staates, der Gemeinden, der Arbeitergruppen treten, von welchen Organisationsformen wir in dem Militär- und Beamtenwesen unserer Zeit schon deutliche Spuren wahrnehmen können. Dagegen könnte ein Gesetzbuch über die unerlaubten Handlungen, so grosse Aenderungen sich auch beim Uebergang von dem Rechts- und Polizeistaat zu dem Arbeits- und Wirtschaftsstaat in Betreff des Thatbestandes der Delikte und ihrer Konsequenzen ergeben würden, doch in seinem Wesen unverändert fortbestehen — einfach aus dem Grunde, weil die Normen über die unerlaubten Handlungen zu dem Privatrecht in keinem inneren Zusammenhang stehen und weil namentlich auch das Schadenersatzrecht ohne jede Berechtigung in den Körper des Obligationenrechts eingefügt worden ist.

XXXVII.

Dem gesamten Obligationenrecht, namentlich aber dem Vertragsrecht, liegt das Prinzip der Vertragsfreiheit zu Grund. »Vermöge des Prinzips der Vertragsfreiheit, »von welchem das Recht der Schuldverhältnisse be»herrscht wird, können die Parteien ihre Rechts- und »Verkehrsbeziehungen nach ihrem Ermessen mit obli»gatorischer Wirkung unter sich bestimmen, soweit »nicht allgemeine oder bestimmte einzelne Gesetzes»vorschriften entgegenstehen« (Mot. II, 2).

Die Verfasser des Entwurfs haben es unterlassen,

eine Begründung dieses Prinzips zu versuchen, offenbar weil sie sich bewusst waren, dass eine solche sie in gefährliche Tiefen führen würde. Der wahre Grund der Vertragsfreiheit ist ohne Zweifel (wie bereits oben gezeigt wurde), dass vorzüglich auf dem Gebiete der Schuldverhältnisse der Zusammenstoss der wirtschaftlichen Interessen zwischen den besitzenden und den besitzlosen Klassen erfolgt und dass den ersteren durch jenen Grundsatz bei der Erhebung des arbeitslosen Einkommens freie Hand gelassen werden soll.

Wir sehen denn auch, dass in jenen Rechtsgebieten, wo ein ähnlicher Interessengegensatz der beiden grossen Volkskreise fehlt, nicht das Prinzip der Vertragsfreiheit, sondern dessen Gegenteil gilt. So vor allem auf dem Gebiet des Sachenrechts, wo sich die besitzenden Volksklassen gewissermassen unter sich befinden. Hier sind deshalb die einzelnen dinglichen Rechte von dem Gesetz nach Zahl und Inhalt genau bestimmt, obgleich keinem Zweifel unterliegt, dass dadurch den mannigfachsten individuellen Bedürfnissen die Befriedigung verweigert wird. »Es kann den Beteiligten nicht freistehen, sagen die Motive, jedem beliebigen Rechte, welches sich auf eine Sache bezieht, den Charakter des dinglichen Rechtes zu verleihen. Der Grundsatz der Vertragsfreiheit, welcher das Obligationenrecht beherrscht, hat für das Sachenrecht keine Geltung. Hier gilt der umgekehrte Grundsatz: die Beteiligten können nur solche Rechte begründen, deren Begründung das Gesetz zulässt. Die Zahl der dinglichen Rechte ist daher notwendig (?) eine geschlossene« (Mot. III, 3).

Nicht anders verhält es sich auf dem Gebiete des

Familienrechts, wo sich gleichfalls in der weit überwiegenden Zahl von Fällen Personen von gleicher Lebensstellung gegenüberstehen. Auf die drei Haupteinrichtungen des Familienrechts: die Ehe, das Rechtsverhältnis zwischen den Eltern und ihren ehelichen Kindern, endlich auf die Vormundschaft findet das Prinzip der Vertragsfreiheit keine Anwendung. Die Ehe wird zwar durch einen Vertrag begründet; ist aber dieser einmal geschlossen, so werden die persönlichen Rechte der Ehegatten durch das Gesetz bestimmt. Die beiden anderen Hauptinstitute des Familienrechts: das Kindesverhältnis und die Vormundschaft sind der Willkür der Beteiligten fast vollständig entzogen. Ja selbst bei jenen vermögensrechtlichen Ansprüchen, welche unmittelbar aus dem Familienverhältnis entspringen, nämlich bei dem Unterhaltsanspruch der Ehegattin und der ehelichen Kinder, kann das Prinzip der Vertragsfreiheit keine Geltung beanspruchen, indem beide kraft des Gesetzes (§ 1495 d. Entw.) auf ihren Unterhaltsanspruch für die Zukunft rechtswirksam nicht verzichten können.

Dort aber, wo auf dem Gebiete des Familienrechts ein Zusammenstoss der Interessen zwischen den besitzenden und besitzlosen Volksklassen stattfindet, nämlich bei den unehelichen Kindern, kommt freilich auch der Grundsatz der Vertragsfreiheit sofort zum Vorschein. Denn ein Vertrag und insbesondere ein Vergleich zwischen dem Vater und seinem unehelichen Kinde über den Unterhaltsanspruch des letzteren ist nach dem Entwurf (§ 1576) vollständig gültig. Hievon ist schon oben (XXVI.) ausführlich die Rede gewesen.

Aus dieser Richtung der Privatrechtsgesetzgebung,

welche sich bisher ausschliesslich in den Händen der wohlhabenden und gebildeten Bevölkerungsschichten befand, können die besitzlosen Volksklassen für ihr eigenes Verhalten ungemein viel lernen. Denn wenn die Besitzenden, welchen man ein feines Gefühl für ihre Privatinteressen gewiss nicht absprechen kann, dem Prinzip der Vertragsfreiheit auf dem Gebiet des Sachen- und des Familienrechts eine so beschränkte Deutung unterlegen, so müssen die besitzlosen Volksklassen auf dem sie vorzüglich interessierenden Rechtsgebiet: dem Obligationenrecht eine ähnliche Richtung verfolgen. Zwar müssen die Schuldverhältnisse, so lange die Organisation der Arbeit ihren heutigen privatrechtlichen Charakter festhält, regelmässig durch Vereinbarung der Parteien begründet werden; allein die Gesetzgebung hat auch für die wichtigeren Vertragsverhältnisse (gerade so wie im Sachen- und Familienrecht) einen typischen Inhalt festzusetzen, innerhalb dessen sich die freie Willkür der Beteiligten zu bewegen hat. Diese Bestimmung eines festen und unantastbaren Bestandes, gleichsam eines Minimum von Wohlwollen und Menschlichkeit in den Verkehrsbeziehungen der Staatsbürger, ist namentlich bei jenen Vertragsverhältnissen unerlässlich, welche, wie der Lohnvertrag, regelmässig zwischen wirtschaftlich sehr starken und sehr schwachen Personen abgeschlossen werden. Längst ist in dieser Richtung die Gewerbe- und Fabrikgesetzgebung der europäischen Kulturstaaten vorangegangen (vgl. z. B. die deutsche Gew.-Ord. § 105 ff.) und es wäre hoch an der Zeit, wenn auch das Privatrecht seinen trägen Konservatismus überwinden und dem vom öffentlichen Recht gegebenen Beispiel folgen würde.

Freilich wird man dagegen einwenden, dass die Verkehrsbedürfnisse so individueller Natur sind, dass sie nur durch die volle Vertragsfreiheit gehörig befriedigt werden können. In Wirklichkeit haben jedoch die Verkehrsbedürfnisse in unserer Zeit der Massenproduktion und der Nivellierung aller Lebensverhältnisse einen noch schablonenhafteren Charakter, als die individuellen Lebenszwecke, welchen das Sachen- und das Familienrecht zu dienen bestimmt ist. Wenn nun diese Rechtsgebiete eine so einschneidende Beschränkung des Prinzips der Vertragsfreiheit gestatten, so kann uns die Anwendung dieses Grundsatzes auch innerhalb des Obligationenrechts nicht als ein unabweisbares Bedürfnis der Rechtsordnung erscheinen.

XXXVIII.

Aber ist das Prinzip der Vertragsfreiheit auf dem Gebiet des Obligationenrechts wirklich in unbeschränkter Anwendung? Diese Frage ist zu verneinen, vielmehr finden sich in unseren modernen Gesetzgebungen zahlreiche Rechtssätze, welche einzelne Verträge oder Vertragsbestimmungen zu Gunsten gewisser Volksklassen verbieten und für nichtig erklären. Ich will hier nur diejenige Einrichtung, welche vom Standpunkt der sozialen Massenwirkungen allein von Bedeutung ist, nämlich die Strafgesetze über den Wucher in Betracht ziehen.

Nach dem Entwurf (§ 358) können Zinsen in jeder Höhe durch Vertrag bedungen werden, soweit nicht reichsgesetzliche Vorschriften über den Wucher entgegenstehen. Das Gesetz betreffend die vertragsmässigen Zinsen vom 14. Nov. 1867, welches den Zinssatz völlig freigab, aber eine mit mehr als sechs Prozent verzinsliche Schuld auf seiten des Schuldners als absolut kündbar erklärt, wird durch das Einführungsgesetz (Art. 21) aufgehoben. Dagegen soll nach einer Bestimmung dieses Gesetzes (Art. 9 und Mot. S. 134) das Strafgesetz über den Wucher vom 24. Mai 1880 auch nach eingetretener Wirksamkeit des bürgerlichen Gesetzbuchs fortbestehen. Danach wird derjenige, welcher »unter Ausbeutung der Notlage, des Leichtsinns »oder der Unerfahrenheit eines Anderen für ein Dar»lehen oder im Falle der Stundung einer Geldforderung »sich oder einem Dritten Vermögensvorteile versprechen »oder gewähren lässt, welche den üblichen Zinsfuss »dergestalt überschreiten, dass nach den Umständen »des Falles die Vermögensvorteile in auffälligem Miss»verhältnisse zu der Leistung stehen«, — eine solche Person wird nach jenem Gesetze mit vergleichsweise sehr schweren Geld- und Gefängnisstrafen bedroht und es werden die Verträge, welche unter die angeführten Merkmale fallen, für ungültig erklärt. Nach dem bürgerlichen Gesetzbuch wird sich also bei dem Darlehen und bei der Stundung von Geldforderungen jedermann beliebige Zinsen bedingen können, nur muss er die dehnbaren Strafbestimmungen des Wuchergesetzes zu vermeiden wissen; es wird in Beziehung auf die Zinsen die Vertragsfreiheit herrschen, aber, um das alte Wort zu gebrauchen, eine Freiheit mit dem Galgen daneben.

Bekanntlich hat das kanonische Recht auf Grund einer missverstandenen Bibelstelle das Zinsnehmen bei Darlehensverträgen vollständig verboten. An die Stelle des kanonischen Zinsverbots traten später, etwa seit dem sechzehnten Jahrhundert, genaue Zinstaxen und diese sind jetzt, nachdem in Deutschland und Oesterreich geraume Zeit volle Zinsfreiheit bestanden hatte, durch das Strafgesetz gegen den Darlehenswucher ersetzt worden.

Aeltere und neuere Volkswirtschaftslehrer versichern uns, dass das kanonische Zinsverbot in der Gebundenheit des Grundbesitzes und in der vorherrschenden Naturalwirtschaft des Mittelalters seine Rechtfertigung findet (weil unter solchen Verhältnissen die meisten Darlehen eben Notstandsdarlehen sind), und man könnte versucht sein zu glauben, dass auch die heutige Wuchergesetzgebung noch immer lediglich auf dieser geschichtlichen Grundlage beruht. Die Thatsache indessen, dass Deutschland und Oesterreich die bereits bestehende Zinsfreiheit wieder beseitigt und die Strafgesetze gegen den Wucher neuerdings eingeführt haben, lässt deutlich erkennen, dass die Wuchergesetzgebung nicht auf jenen längst entschwundenen wirtschaftlichen Zuständen, sondern auf sehr reellen Machtverhältnissen der Gegenwart gegründet ist.

Denn thatsächlich hat die Strafgesetzgebung gegen den Wucher vorherrschend den Zweck, gewisse sozial hervorragende Gruppen, namentlich die Grund- und Hausbesitzer, die Staatsdiener und Offiziere gegen die Folgen ihres Leichtsinns zu schützen. Diese Bevölkerungsschichten zählen vorzüglich zu den sogenannten gebildeten Klassen und empfangen teils einen hohen Arbeitslohn, teils ein oft erhebliches arbeitsloses Einkommen; wenn sie daher aus Leichtsinn, Unerfahrenheit oder Notlage verderbliche Darlehensverträge abschliessen, so fehlt es fast niemals an einer individuellen Verschuldung. Dagegen können die Strafgesetze gegen den Wucher den besitzlosen Volksklassen, bei welchen

Unerfahrenheit, Notlage und auch Leichtsinn naturgemäss den gewöhnlichen Zustand bilden, nur in den seltensten Fällen nützen, weil die ärmeren Bevölkerungsschichten eben wegen ihrer Dürftigkeit regelmässig das zum Abschluss von Kreditverträgen notwendige Vertrauen nicht einflössen. Bei dem Pfandleihgeschäft aber, an welchem sich allerdings auch die besitzlosen Volksklassen beteiligen, müssen wegen der mit dem Empfang, der Aufbewahrung und der Rückstellung des Pfandes verbundenen Kosten so hohe Zinssätze bewilligt werden, dass die Anwendung des Wucherbegriffs hier praktisch fast ausgeschlossen erscheint. Ich erwähne nur das preussische Gesetz vom 17. März 1881 über das Pfandleihgewerbe, welches dem Pfandleiher bei kleineren Darlehen (bis 30 Mark) nicht weniger als 24 Prozent jährlich und dazu noch eine sehr günstige Berechnung der Darlehenszeit (§ 1, 2 Z. 3 d. Ges.) gestattet und das gleichwohl nach dem Einführungsgesetz (Art. 47) aufrecht erhalten werden soll.

Diese Lagerung der sozialen Interessen lässt uns nun deutlich erkennen, weshalb die Wuchergesetzgebung seit jeher sich gerade den Darlehensvertrag als das Feld ihrer Wirksamkeit erkoren hat. Es sollte dadurch eben ein Privilegium für gewisse Kreise der höheren und mittleren Volksschichten geschaffen werden. Dagegen wurde die neuere Wuchergesetzgebung auf jene Verträge, an welchen auch die besitzlosen Volksklassen ein bedeutendes Interesse nehmen, namentlich auf den Lohn-, Kauf-, Miet- und Pachtvertrag niemals ausgedehnt, obgleich hier der Thatbestand des Wuchers naturgemäss viel häufiger vorkommt, als bei dem Darlehensvertrag.

Dass die besitzlosen Volksklassen diese Verträge sehr oft in einer Notlage, aus Leichtsinn und Unerfahrenheit abschliessen, wird gewiss niemand bestreiten. Aber auch eine Ausbeutung dieser Sachlage, welche den schlimmsten Fällen des Darlehenswuchers gleichkommt oder sie übertrifft, wird hier in zahllosen Fällen vorkommen. Ich erinnere nur an die schweren Bedrängnisse, welche grosse Proletariermassen in den Städten bei vorhandener Wohnungsnot leiden; an die Ausnützung der kleinen Leute, welche durch die Pachtung von Grundparzellen eine ständige Arbeitsgelegenheit suchen; an die furchtbare Benachteilung der besitzlosen Volksklassen durch einen gewissenlosen Kleinhandel. Am krassesten sind natürlich die Fälle der Ausbeutung beim Lohnvertrag, wo die Nötigung zu schnellem Vertragsabschluss beim Proletarier, welcher keine Subsistenzmittel besitzt, eine besonders dringende ist. Dennoch ist die Gesetzgebung weit davon entfernt, diese dem Armen verderblichen Verträge unter die Strafandrohungen gegen den Wucher zu stellen. Erst der neueste Entwurf eines österreichischen Strafgesetzes vom Jahre 1889 (§ 317, 318) hat es versucht, den Wucherbegriff auf einzelne Vertragsverhältnisse anzuwenden, welche auch für die ärmeren Bevölkerungsschichten von Bedeutung sind.

Die besitzlosen Volksklassen haben nach meiner Auffassung einen begründeten Anspruch, die Ausdehnung der Wuchergesetze auf den Lohn-, Kauf-, Miet- und Pachtvertrag zu verlangen. Freilich gehören die Strafbestimmungen gegen den Wucher überall zu jenen Gesetzen, welche viel mehr verletzt als befolgt werden, und wenn dieselben auch den Interessen der Armen zu dienen hätten, so würde sich diese Sachlage gewiss noch eher verschlimmern. Dennoch würde aber eine solche Ausdehnung der Wuchergesetze die Stellung jedes Besitzlosen juristisch und moralisch erheblich verbessern und zwar gerade bei jenen Anlässen, wo seine wirtschaftliche Lage unter das Niveau der gewöhnlichen Bedrängnis zu sinken droht.

XXXIX.

Der wichtigste Vertrag für den Standpunkt, dem diese Blätter gewidmet sind, ist der Lohnvertrag, welcher in dem Entwurf, der naturgemäss mehr die dem Lohnherrn zugewendete Seite des Rechtsverhältnisses ins Auge fasst, überall als Dienstvertrag bezeichnet wird [1]. Ich habe schon in einem früheren Abschnitt (XIX.) gezeigt, dass der Entwurf das Lohn- oder Dienstverhältnis, obgleich die ungeheure Mehrheit der Besitzlosen, ja die grosse Mehrheit der ganzen Nation darauf

---

1) Die in den folgenden Abschnitten vertretenen Ansichten über die Reform des Lohnvertrags wurden bei ihrem ersten Erscheinen (1889) vielfach als zu radikal angefochten. Schwerlich wird jemand noch heute diesen Vorwurf erheben, nachdem unterdessen Kaiser Wilhelm II. ganz ähnliche Gedanken in sein soziales Reformprogramm aufgenommen hat. Die kaiserlichen Erlasse vom 4. Februar 1890 erklären ausdrücklich, »dass es eine Aufgabe der Staatsgewalt ist, die Zeit, die Dauer »und die Art der Arbeit so zu regeln, dass die Erhaltung der Ge- »sundheit, die Gebote der Sittlichkeit, die wirtschaftlichen »Bedürfnisse der Arbeiter und ihr Anspruch auf gesetzliche Gleich- »berechtigung gewahrt bleiben.« So wahr ist es, dass in Zeiten rascher geistiger Bewegung, wie die unsrige, der Radikale von gestern der Konservative von heute ist. Ich hoffe auch in Betreff der übrigen Reformvorschläge dieser Schrift, welche noch jetzt gar manchem als zu weit gehend erscheinen, einen ähnlichen Umschwung der Ansichten zu erleben.

ihre Existenz gründet, in acht nach Umfang und Inhalt höchst dürftigen Paragraphen abgethan hat. Keine der grossen Streitfragen, die sich an das Lohnverhältnis knüpfen, ist in dem Abschnitte des Entwurfs über den Dienstvertrag gelöst oder auch nur in den Motiven (II, 455 ff.) erwähnt, welche letzteren geradezu als ein abschreckendes Beispiel für die Begrenztheit des rein juristischen Standpunktes dienen können.

Freilich soll der Dienstvertrag auch in Zukunft nicht bloss durch jene acht Paragraphen des Entwurfs geregelt werden. Die Bestimmungen, welche das Handelsgesetzbuch und die Gewerbeordnung über die handels- und gewerberechtlichen Dienstverhältnisse treffen, sollen nach dem Einführungsgesetz mit einigen Aenderungen fortbestehen (Art. 9 und dazu die Anm., ferner Art. 18 des Einführungsgesetzes und die Mot. S. 67). Ebenso werden die landesgesetzlichen Vorschriften über das Gesinderecht mit einigen geringfügigen Ausnahmen durch das bürgerliche Gesetzbuch nicht berührt und es können von den einzelnen Bundesstaaten über dieses wichtige Rechtsverhältnis jederzeit neue Gesindeordnungen erlassen werden (Art. 46 des Einf.-Ges. und Mot. S. 148).

Wer noch daran zweifelt, dass die Rechtsordnung nichts als eine Summe von dauernd anerkannten Machtverhältnissen ist, kann sich aus dieser Darstellung von der Wahrheit des Satzes überzeugen. Die gewerblichen Arbeiter, welche durch ihre Organisation und Bildung eine gewaltige Macht im Staate darstellen, haben sich durch ihren Einfluss eine Regelung ihrer Dienstverhältnisse errungen, welche zwar noch entfernt nicht genügend ist, aber doch schon einen ganz modernen Charakter an sich trägt. Hier werden deshalb auch die Keime einer neuen rechtlichen Gestaltung des Dienstvertrags zu suchen sein.

Dagegen weiss der Entwurf dem Gesinde, welches zum überwiegenden Teile aus gedrückten und geduldigen Frauenspersonen besteht, nichts als das Fortbestehen der Gesindeordnungen mit einigen erschwerenden Abweichungen zu bieten. Nun kann man aber mit gutem Grunde behaupten, dass kein Teil unseres Privatrechtssystems so zurückgeblieben ist und so sehr an die Leibeigenschaft und an ähnliche gewaltthätige Herrschaftsverhältnisse der feudalen Gesellschaftsordnung erinnert, wie das Gesinderecht. Ja, was noch mehr ist, selbst die Volkssitte hat im Anschluss an eine überlebte Gesetzgebung den Geist vergangener Epochen festgehalten, da auch die Besten unter uns im häuslichen Verkehr mit dem Gesinde nur zu häufig vergessen, dass ein Mensch niemals bloss als ein Mittel für die Zwecke anderer behandelt werden darf.

Um die Wahrheit dieser Sätze zu erproben, brauche ich nur an die preussische Gesindeordnung vom 8. Nov. 1810 zu erinnern, welche wohl von allen ähnlichen Gesetzen das grösste Geltungsgebiet besitzt. Diese Gesindeordnung erschien am Vorabend jenes Martinstages (11. Nov. 1810), an welchem kraft des Edikts vom 9. Oktober 1807 die Erbunterthänigkeit, die von manchen mit der Leibeigenschaft für gleichbedeutend gehalten wird, für den ganzen Umfang der preussischen Monarchie erlosch. Das Gesetz sollte also auch für »Herrschaften« gelten, welche soeben noch das Recht gehabt hatten, ihren »Unterthanen« die Kinder wegzunehmen und dieselben zum Hofdienst zu nötigen (A.

Pr. L.R. II, 7. § 185 ff.). Dass die preussische Gesindeordnung den Geist einer vergangenen Zeit atmet, kann unter solchen Umständen niemand befremden. Aber soweit ich das Gesinderecht überblicke, kann man auch von den übrigen deutschen und österreichischen Gesindeordnungen, obgleich dieselben zum Teil aus einer viel späteren Zeit stammen, mit gutem Grunde behaupten, dass keine der heutigen Entwicklung des Verhältnisses zwischen den besitzenden und den besitzlosen Volksklassen genügend Rechnung getragen hat.

XL.

Obgleich der Dienstvertrag in allen privatrechtlichen Gesetzbüchern geregelt wird, so ist doch das Dienstverhältnis nicht wie bei anderen Verträgen der Willkür der Beteiligten vollständig überlassen, sondern es nimmt der Staat überall auf die Entwicklung des Rechtsverhältnisses durch seine Verwaltungsbehörden einen mehr oder weniger bestimmenden Einfluss. Nur die Dienstverhältnisse der höher gebildeten Arbeiter, z. B. der Privatsekretäre, Hofmeister, Gouvernanten behalten meistens ihren rein privatrechtlichen Charakter, weil sich hier die Vertragsteile durch Bildung und Lebensstellung näher stehen. Desto energischer wird die privatrechtliche Seite des Rechtsverhältnisses bei jenen Dienstverträgen durch die Thätigkeit des Staates verdeckt und zurückgedrängt, bei welchen die mechanische Arbeit das vorherrschende Element bildet und die deshalb auch meistens nur von Angehörigen der besitzlosen Volksklassen abgeschlossen werden. Auch der deutsche Entwurf steht auf diesem Standpunkt, indem er neben den Bestimmungen des bürgerlichen Gesetzbuchs die fortdauernde Geltung des Gewerbe- und Gesinderechts festgesetzt hat.

Gegen dieses Eingreifen des Staates in das Lohnverhältnis ist nun auch an und für sich nichts einzuwenden. Durch die meisten Dienstverträge wird der Lohnarbeiter der Gewalt des Lohnherrn nicht nur nach einer bestimmten Richtung, sondern mit seiner ganzen Persönlichkeit unterworfen. Der gewerbliche Hilfsarbeiter, welcher 12—13 Stunden nach der Anordnung seines Dienstherrn zu arbeiten hat und kaum die nötige Zeit für den Schlaf und andere natürliche Verrichtungen erübrigt, kann doch kaum als ein freier, sich selbst bestimmender Staatsbürger gelten. Vollends das Gesinde, bei welchem das Mass der zu leistenden Arbeit regelmässig gar nicht bestimmt wird, ist der Herrschaft des Dienstherrn mit Leib und Seele unterworfen.

Hier zeigt es sich in voller Deutlichkeit, mit welchem Unrecht zahlreiche Juristen den Hauptunterschied zwischen den Verhältnissen des Familien- und des Obligationenrechts darin erblicken, dass der Mensch durch die ersteren mit seiner ganzen Persönlichkeit, durch die letzteren nur in bestimmten, aus seiner allgemeinen Freiheit losgelösten Richtungen einem andern unterworfen wird. Denn kein unbefangener Beurteiler wird in Abrede stellen, dass die Herrschaft, welche der Dienstherr über den Lohnarbeiter ausübt, nach Inhalt und Umfang viel strenger ist als jene, welche in unserer Zeit dem Familienhaupt über die Gattin und die Kinder, dem Vormund über das Mündel zusteht.

Ueberall aber, wo ein privatrechtlicher Vertrag ein solches Herrschaftsverhältnis in sich schliesst, ist ein Anlass zum selbstthätigen Eingreifen des Staates geboten. Unsere Zeit, welche die letzten Reste des Patrimonialstaates abstreifen will, duldet nicht, dass ein Staatsbürger über den andern eine dauernde Herrschaft ohne die Aufsicht und Leitung des Staates ausübt. Von diesem Standpunkt aus hat sich die moderne Gesetzgebung nicht gescheut, sogar in die Familienverhältnisse der Staatsbürger in entscheidender Weise einzugreifen. Um so weniger kann es befremden, dass der Staat auch das Herrschaftsverhältnis des Dienstherrn über den Lohnarbeiter, die sich fremd, ja oft feindlich gegenüberstehen, seinem Einfluss in immer steigendem Masse unterworfen hat.

Aber darüber können sich die besitzlosen Volksklassen mit gutem Grunde beschweren, dass das Eingreifen des Staates in das Dienstverhältnis, namentlich auf dem Gebiete des Gesinderechts, die einseitige Begünstigung der besitzenden Klassen bezweckt. Der Lohnarbeiter muss sich seinen Dienstherrn ohne Hilfe des Staates aufsuchen und mit ihm den Dienstvertrag abschliessen; hier, wo der Staat oder die staatlichen Verbände dem Arbeiter ungeheure Dienste leisten könnten, wird der privatrechtliche Standpunkt festgehalten. Sobald aber der Dienstvertrag abgeschlossen ist, setzt der Staat sofort seinen Polizeiapparat in Bewegung, um den Dienstpflichtigen in Gehorsam und Unterwürfigkeit zu erhalten. Ich erinnere nur an das Dienstbotenbuch, an die polizeiliche Bestrafung des Gesindes wegen Nichterfüllung oder nicht gehöriger Erfüllung des Dienstvertrags, an die Straflosigkeit der geringfügigeren Beleidigungen, welche der Dienstherr dem Dienstboten zugefügt hat[1]).

1) Vgl. die Preuss. Verordnung vom 29. Sept. 1846; Preuss. Ges. vom 24. April 1854; § 77 ff. der Preuss. Gesindeordnung vom 8. Nov. 1810.

Die wichtigste dieser polizeilichen Massregeln ist jedenfalls das Dienstboten- und das Arbeitsbuch, welches letztere in manchen Ländern (z. B. in Oesterreich) auch für grossjährige gewerbliche Arbeiter vorgeschrieben ist. Das Dienstboten- und Arbeitsbuch ist der einzige Fall, wo über die Erfüllung privatrechtlicher Verträge unter öffentlicher Autorität ein Register geführt wird und wo die einfache Verletzung einer Vertragspflicht für das Fortkommen des Arbeiters kaum geringere Folgen nach sich zieht, als bei anderen Bevölkerungsschichten eine kriminelle Bestrafung. Dazu kommt noch, dass die Eintragungen in das Buch auf Grundlage der Aussagen des anderen Vertragsteils, wenngleich unter polizeilicher Kontrolle, erfolgen. Schwerlich würde ein Geschäftsmann aus den wohlhabenden Schichten der Gesellschaft bestehen können, wenn alle Personen, mit welchen er Verträge abgeschlossen hat, ihre Meinung über seine Vertragstreue in ein ähnliches Buch einzuzeichnen hätten. Ausnahmseinrichtungen dieser Art sind eben nur dann zu rechtfertigen, wenn man annimmt, dass die besitzlosen Volksklassen den höheren Bevölkerungsschichten von vornherein zu Gehorsam und Unterwürfigkeit verpflichtet sind; hält man dagegen die Arbeiter für einen gleichberechtigten Stand der Gesellschaft, so sind sie schlechterdings zu verwerfen.

Für die verwaltende Thätigkeit des Staates wäre auf dem Gebiet der Dienstverhältnisse ein rühmlicheres Ziel vorhanden, als jene in Unterwürfigkeit zu erhalten, welche schon durch ihre soziale Lage zum Gehorsam aufgefordert sind. Unsere gegenwärtige Arbeitsorganisation hat einen vorherrschend privatrechtlichen Charakter und es können deshalb die Dienstverhältnisse nur durch formell freie Verträge der Dienstherrn und der Arbeiter begründet werden. Da jedoch der Staat kaum eine wichtigere wirtschaftliche Aufgabe hat, als die Arbeitsordnung des Volkes vor Störungen durch Arbeitslosigkeit und andere Verhältnisse zu bewahren, so hat er nach meiner Ansicht die Verpflichtung, die Mängel der privatrechtlichen Arbeitsorganisation dadurch zu mildern, dass er die Dienstherrn und die Arbeiter einander zuführt und an dem Abschluss des Lohnvertrages mitwirkt. Zu dieser vermittelnden Thätigkeit muss der moderne Staat, der das Transport- und Nachrichtenwesen zum grössten Teil in seiner Hand vereinigt, als besonders geeignet erscheinen. Zur Darlegung der Einzelheiten dieses Planes ist hier, in der Kritik des bürgerlichen Gesetzbuchs, nicht der richtige Ort. Nur das mag bemerkt werden, dass jene vermittelnde Thätigkeit entweder autonomen Organen der Arbeiterschaft (etwa nach Art der französischen Arbeitsbörsen) oder auch Staatsbeamten, jedoch mit voller Unabhängigkeit von den Dienstherrn, zu überlassen ist, da sonst eine weitere Steigerung des an sich schon übermässigen Einflusses dieser letzteren zu besorgen wäre (vgl. § 97, Z. 2 Gew.-Ordn.).

XLI.

Die ganze Einseitigkeit der rein juristischen Auffassung, welche der deutsche Entwurf in Ansehung des Dienst- oder Lohnverhältnisses vertritt, geht aus der Begriffsbestimmung des Dienstvertrags im § 559 hervor. Durch den Dienstvertrag — sagt die angeführte Gesetzesstelle — wird derjenige, welcher die Dienste zusagt (Dienstverpflichteter), verpflichtet, dem anderen Vertragschliessenden (Dienstberechtigter) die vereinbarten Dienste zu leisten, der Dienstberechtigte verpflichtet, dem Dienstverpflichteten die vereinbarte Vergütung zu entrichten. Die Verfasser des Entwurfs behandeln also den Dienstvertrag gerade so wie etwa den Kaufkontrakt oder einen anderen Vertrag auf Leistung einer Sache. Sowie der Verkäufer nichts als das verkaufte Paar Schuhe, der Käufer nichts als den bedungenen Kaufpreis zu gewähren hat, so soll sich die Verpflichtung des Dienstherrn auf den Lohn, die des Arbeiters auf die vereinbarten Dienste beschränken.

Diese Auffassung ist aber gewiss vollständig ungenügend. Schon bei Verträgen über einzelne, vorübergehende Dienstleistungen können diese von der Persönlichkeit des Arbeiters, die doch einen absoluten Wert besitzt, füglich nicht losgelöst werden. Vollends bei den Dienstverhältnissen, welche die Thätigkeit des Verpflichteten vollständig oder doch zum grössten Teil in Anspruch nehmen, wie namentlich bei den Verhältnissen des städtischen und ländlichen Gesindes und der gewerblichen Lohnarbeiter, werden diese dem Lohnherrn nicht nur in Beziehung auf die einzelnen Dienstleistungen, sondern mit ihrer ganzen Persönlichkeit unterworfen. Sie müssen nicht nur ihre ganze Arbeitskraft nach den Anordnungen des Lohnherrn verwenden, sondern sie müssen für seine Interessen oft genug auch ihre kostbarsten persönlichen Güter: das Leben, die Gesundheit, die Arbeitskraft, ja ihre Ehre und Sittlichkeit in Gefahr bringen.

Für diese persönlichen Güter muss deshalb auch der Dienstherr innerhalb der Grenzen juristischer Verantwortlichkeit (vgl. unten LII.) dem Arbeiter haftbar erklärt werden. Der Dienstherr hat, soweit dies von ihm abhängt, dafür Sorge zu tragen, dass im Dienstverhältnisse das Leben, der Körper, die Gesundheit, die Arbeitskraft, die Ehre und die Sittlichkeit des Arbeiters nicht verletzt werden. Nach dem Entwurfe scheint es mir dagegen unzweifelhaft, dass der Dienstherr, soweit nicht Spezialgesetze eintreten, ohne jede nachteilige Folge seinen Arbeiter vorsätzlich oder aus Fahrlässigkeit in Krankheit und in den Tod treiben kann, wenn er nur die Grenzen der ihm durch den Dienstvertrag eingeräumten Rechte nicht überschreitet (vgl. auch § 124, Z. 5 Gew.-Ordn.). Denn die Bestimmungen des Entwurfs über den Dienstvertrag (§ 559 bis 566) legen dem Dienstherrn in diesem Falle nicht einmal eine Schadenersatzpflicht auf, und die Anwendung der allgemeinen Normen über die Verbindlichkeit zum Schadenersatz aus unerlaubten Handlungen ist gleichfalls ausgeschlossen, weil weder die Vertragsverhältnisse überhaupt, noch auch die chikanöse Ausübung eines einzelnen Vertragsrechts diesen Bestimmungen unterliegen (§ 224, 559, 704, 705 des Entw. und Mot. II, 726, 727).

Erst dadurch, dass die Rechte des Lohnherrn durch die Rücksicht auf die höchsten persönlichen Güter des Arbeiters begrenzt werden, streift der Lohnvertrag die letzte Erinnerung an die Sklaverei ab und erhält einen wahrhaft humanen Charakter, im Gegensatz zur Vermietung oder Verpachtung einer Sache, an welcher jeder vertragsmässige Gebrauch gestattet ist. In den Gewerbe- und Gesindegesetzen der modernen Kulturstaaten finden sich schon manche Spuren jenes Rechtssatzes, aber zu einem dauernden Besitz kann derselbe erst durch seine Aufnahme in die bürgerlichen Gesetzbücher werden. Und wenn eine solche Bestimmung, welche gleichmässig durch die Gerechtigkeit, wie durch die fortschreitende Macht der besitzlosen Volksklassen geboten ist, der Rechtfertigung durch eine juristische Formel bedürfte, so könnte man sagen: Treue und Glauben erheischen es bei Abschliessung des Dienstvertrages, dass die persönlichen Güter des Arbeiters geschützt und dass im Falle des Schweigens der Dienstverträge eine solche Vertragsbestimmung unterstellt wird.

Eine solche Reform des Dienstverhältnisses ist gerade jetzt von der grössten Bedeutung. Die Kranken-, die Unfall- und die in der Ausführung begriffene Alters- und Invaliditätsversicherung, welchen bald auch die Witwen- und Waisenversicherung folgen soll, sind zwar Massregeln von der grössten Bedeutung, deren wohlthätige Wirkungen in den Arbeiterkreisen bisher vielleicht noch unterschätzt werden. Aber es ist andererseits keinem Zweifel unterworfen, dass durch jene an sich wohlthätigen Einrichtungen, wenn man bei einem Teil der Lohnherrn eine selbstsüchtige Denkweise voraussetzt, die persönlichen Güter des Arbeiters erheblich gefährdet werden, weil die juristischen und moralischen Verpflichtungen, welche der Dienstherr früher gegenüber dem in seiner Arbeitskraft, seiner Gesundheit oder andern persönlichen Gütern beschädigten Arbeiter zu erfüllen hatte, nunmehr durch die Zwangsversicherung zum grossen Teile auf die Krankenkassen, die Berufsgenossenschaften und die Landesversicherungsanstalten übertragen erscheinen.

Hand in Hand mit der Ausbildung der öffentlichen

Versicherung muss deshalb auch eine Verschärfung der zivilrechtlichen Haftung für die persönlichen Güter des Arbeiters einhergehen. Könnten wir einen Augenblick vergessen, dass diejenigen, welche in Dienstverhältnissen stehen, unsere Brüder sind, so müsste uns zu einer solchen Umbildung des Zivilrechts schon die Erwägung bestimmen, dass das Arbeitskapital einer Nation ihr sachliches Vermögen an Bedeutung noch überwiegt, und dass es deshalb in erster Reihe von dem öffentlichen und dem Privatrecht geschützt werden muss.

XLII.

Der Dienstherr hat also, soweit dies von ihm abhängt, dafür Sorge zu tragen, dass im Dienstverhältnisse das Leben, der Körper, die Gesundheit, die Arbeitskraft, die Ehre und die Sittlichkeit des Arbeiters nicht verletzt werden. Dieser Satz schliesst eine Reihe der wichtigsten Konsequenzen in sich. Ich beschränke mich hier darauf, die Prinzipien darzustellen und enthalte mich, einen ins einzelne gehenden Gesetzesvorschlag zu formulieren, weil dies eine Weitläufigkeit bedingen würde, die ich an dieser Stelle vermeiden will.

Vor allem darf also der Dienstherr die Arbeitskraft, welche ihm durch den Dienstvertrag zur Verfügung gestellt wird, nur in dem Umfang und in der Weise gebrauchen, dass dadurch jene persönlichen Güter des Arbeiters nicht verletzt werden. Dieser Rechtssatz ist gleichsam das letzte Ziel, welchem jede volksfreundliche Reform des Lohnvertrages entgegenstreben muss. Bei höher qualifizierten Dienstpersonen (Sekretären, Hofmeistern, Ingenieuren u. s. f.), welche dem Dienstherrn sozial näher stehen, wird diese Rücksicht auf die persönlichen Güter des Arbeiters in der Volkssitte längst beobachtet. Erst durch die Ausdehnung jenes Rechtssatzes auf alle Dienstverträge würde sich auch der gewöhnliche Lohnarbeiter aus einer blossen Arbeitsmaschine in eine gleichberechtigte Individualität verwandeln, die für ihre höchsten persönlichen Interessen Achtung und Rücksicht beanspruchen kann.

In den modernen Gesetzgebungen ist eine Strömung wahrzunehmen, welche unzweifelhaft jenem Rechtssatz entgegentreibt. Die Gesetzgebungen Oesterreichs und der Schweiz haben für bestimmte Gattungen von Arbeitern ein Maximum der Arbeitsdauer (Normalarbeitstag) festgestellt. Einschränkungen der Frauen- und Kinderarbeit bestehen überall. Aber es ist klar, dass solche Rechtssätze, welche sich durch ihren mechanischen Charakter der Verwaltungsroutine empfehlen, jenen zivilrechtlichen Grundsatz niemals entbehrlich machen können.

Eine zweite Konsequenz jenes obersten Grundsatzes würde darin bestehen, dass der Dienstherr nach dem jeweiligen Stand der Erfahrung alle äusseren Vorkehrungen zu treffen hat, um eine Verletzung der persönlichen Güter des Arbeiters zu verhindern. Ein ähnlicher Rechtssatz, wenngleich in geringerer Ausdehnung, findet sich schon in der deutschen Gewerbeordnung (§ 120). Darnach sind die Gewerbeunternehmer verpflichtet, alle diejenigen Einrichtungen herzustellen und zu unterhalten, welche mit Rücksicht auf die besondere Beschaffenheit des Gewerbebetriebs und der Betriebsstätte zu thunlichster Sicherheit gegen Gefahr für Leben und Gesundheit notwendig sind. Eine einfache Erweiterung dieser in der Gewerbeordnung enthaltenen Bestimmung würde den obigen Rechtssatz ergeben. Denn es ist nicht abzusehen, warum die Verpflichtung zur Herstellung der notwendigen äusseren Vorkehrungen nur die Gewerbeunternehmer und nicht auch andere Dienstgeber treffen soll; ferner warum nur das Leben und die Gesundheit und nicht auch andere persönliche Güter des Arbeiters, z. B. seine Arbeitskraft und Sittlichkeit (vgl. § 139a Gew.-Ordn.) geschützt werden.

Endlich müsste drittens dem Dienstherrn die Verpflichtung auferlegt werden, Wohnung, Kost und Bekleidung, wenn dieselben nach dem Dienstvertrage zu gewähren sind, dem Arbeiter in einer Weise zu leisten, dass dadurch die persönlichen Güter, namentlich die Gesundheit, die Arbeitskraft und die Sittlichkeit, nicht gefährdet werden. Dies sollte sich zwar nach der Natur der Sache von selbst verstehen; doch machen die den Lohnarbeitern vielfach ungünstigen Machtverhältnisse eine ausdrückliche Bestimmung jedenfalls erforderlich (vgl. § 83 der Preuss. Gesinde-Ord.). Ein solcher Rechtssatz würde, wenn für dessen gehörige Durchführung gesorgt wäre, zunächst vielleicht die grösste praktische Bedeutung haben. Denn namentlich die dem Gesinde und den gewerblichen Arbeitern zugewiesenen Wohnstellen haben nur zu häufig einen gesundheitsschädlichen Charakter und dieser Zustand hat überall nicht wenig zur Erbitterung der arbeitenden Volksklassen gegen die höheren Stände beigetragen.

Natürlich müsste der Dienstgeber für die Erfüllung dieser drei Verbindlichkeiten nur so weit einstehen, als die juristische Verantwortlichkeit für Handlungen im Gesetze überhaupt anerkannt ist. Da nach dem Entwurfe jedermann in der Regel für vorsätzliche und fahrlässige Handlungen haftet, so wäre der Dienstherr dann verantwortlich zu machen, wenn er jenen Verpflichtungen vorsätzlich oder aus Fahrlässigkeit entgegenhandelt. Ich werde jedoch weiter unten (vgl. LII.) zeigen, dass die juristische Verantwortlichkeit bei dem Lohnvertrage jedenfalls auch auf den sogenannten Eigennutz ausgedehnt werden muss. Legt man diese Ansicht zu Grund, so würde den Dienstherrn auch dann eine Haftung treffen, wenn er die persönlichen Güter des Dienstnehmers zwar nicht aus Vorsatz oder Fahrlässigkeit, sondern bloss aus Eigennutz verletzt hat.

XLIII.

Es sind nun noch die Bestimmungen darzulegen, durch welche diese Grundsätze, welche einen Sieg des Menschen über die Sache, der sittlichen über die wirtschaftlichen Interessen bedeuten, in der praktischen Durchführung gesichert werden können. Auch hier handelt es sich nicht um formulierte Gesetzesparagraphen, welche der juristischen Technik leicht gelingen, wenn nur die Grundsätze einmal feststehen. Folgende Punkte wären etwa als besonders wichtig hervorzuheben.

Vor allem müssten Vereinbarungen zwischen dem Lohnarbeiter und dem Dienstherrn, durch welche die Haftung dieses letzteren für die persönlichen Güter des Dienstverpflichteten ausgeschlossen oder vermindert wird, für rechtsunwirksam erklärt werden. Der Arbeiter darf weder ausdrücklich, noch stillschweigend (etwa durch Unterwerfung unter eine Fabriksordnung) auf seine höchsten persönlichen Güter, auf die Wahrung von Leben, Körper, Gesundheit, Arbeitskraft, Ehre und Sittlichkeit Verzicht leisten. Längst würde die Rechtsordnung solche Vereinbarungen über persönliche Güter, die einen absoluten Wert besitzen und im Falle des Verlustes fast niemals wieder hergestellt werden können, wegen Verletzung der guten Sitten für nichtig erklärt haben (§ 106, 344 d. Entw.), wenn dieser Bestimmung nicht so gewaltige Interessen der besitzenden Klassen entgegenstehen würden. Ohne ein zwingendes Gesetz, welches jede Willkür der Beteiligten ausschliesst, könnte aber die Haftung des Dienstherrn nur in sehr engen Schranken zur Wirksamkeit gelangen, da dieser, als der wirtschaftlich Stärkere, sie regelmässig durch vertragsmässige Bestimmung ausschliessen würde. Hier aber, wo es sich um die wichtigsten persönlichen Interessen der arbeitenden Klassen handelt, können diese mit vollem Recht eine ähnliche Einschränkung der Vertragsfreiheit verlangen, wie sie den besitzenden Klassen von der Gesetzgebung seit jeher für ihre Interessenkreise zugestanden worden ist (XXXVII., XXXVIII.).

Dann aber müsste zweitens dem Dienstherrn, welcher eine Verletzung der persönlichen Güter des Arbeiters im Dienstverhältnisse verursacht hat, in allen Fällen eine Entschädigungspflicht auferlegt werden. Wir haben schon oben (XXXVI.) gesehen, dass der § 221 des Entwurfs, welcher sich sowohl auf die Schuldverhältnisse aus Verträgen als auch aus unerlaubten Handlungen bezieht, gerade auf dem entgegengesetzten Standpunkt steht, indem er bestimmt, dass regelmässig nur eine Verletzung der Vermögensinteressen gutzumachen ist. An die Stelle dieses Paragraphen müsste die entgegengesetzte Bestimmung treten, dass jeder Vermögensschaden, wie auch jede Verletzung der persönlichen Güter eines Menschen, möge diese innerhalb eines

Vertragsverhältnisses oder durch eine unerlaubte Handlung eintreten, den Verletzenden zu einer Entschädigung verpflichtet. Es ist gleichgültig und mehr eine Frage der Schule und der Technik, ob man die Vergütung, welche der in seinen persönlichen Gütern Verletzte zu fordern hat, als einen Schadenersatz oder als eine »billige Geldentschädigung« oder endlich als eine »Busse« bezeichnen will. (Vgl. § 721, 728 des Entwurfs, § 188, 231 des Strafgesetzb. u. s. f.)

Freilich wird man dagegen einwenden, dass die persönlichen Güter vorherrschend einen idealen Charakter haben und dass sie sich deshalb einer Schätzung durch eine Geldsumme entziehen. Aber man darf nicht vergessen, dass der Entwurf in zahlreichen Fällen einer Verletzung persönlicher Güter thatsächlich die Zuerkennung einer billigen Geldentschädigung gestattet hat (XXXVI.). Was hier möglich ist, kann sich bei der Verletzung anderer persönlicher Güter nicht als undurchführbar erweisen.

Dann aber kann man zweitens mit gutem Grunde behaupten, dass der Ersatz für Vermögensschäden, gegen welchen die Verfasser des Entwurfs gar kein Bedenken hegen, nur zu häufig keinen greifbareren Charakter hat als die Vergütung für die Verletzung persönlicher Güter. Nach dem § 218 d. Entw. umfasst der Schadenersatz sowohl die erlittene Vermögenseinbusse als auch den entgangenen Gewinn. Als entgangener Gewinn kommt nur derjenige in Betracht, welcher nach dem gewöhnlichen Laufe der Dinge oder nach den besonderen Umständen, insbesondere nach getroffenen Anstalten und Vorkehrungen, mit Wahrscheinlichkeit erwartet werden konnte. Ich kann jedem

Juristen, der in Schadenersatzprozessen einige Erfahrung besitzt, die Beantwortung der Frage überlassen, ob durch diese allgemeinen Redensarten für die Bestimmung des entgangenen Gewinns irgend ein tauglicher Anhaltspunkt geboten wird und ob dieselben nicht vielmehr lediglich den Zweck haben, die bare Willkür des Richters und der Sachverständigen zu verdecken (vgl. Mot. II, 18).

Eine solche allgemeine Entschädigungspflicht für die Verletzung persönlicher Güter würde sich natürlich weit über das Gebiet des Lohnvertrages auf alle Schuldverhältnisse aus Verträgen und unerlaubten Handlungen erstrecken. Innerhalb des Vertragsrechts wäre aber diese Entschädigungspflicht für das Dienstverhältnis gewiss von der grössten Bedeutung, weil sich in unserer Zeit der Kampf zwischen den Dienstherrn und den Lohnarbeitern zum grossen Teile um die persönlichen Güter der letzteren bewegt. Es wäre deshalb unerlässlich, auch wenn der § 221 des Entwurfs in der vorgeschlagenen Weise abgeändert werden sollte, die Bestimmung über die Haftung des Dienstherrn für die Verletzung persönlicher Güter in dem Abschnitt über den Lohnvertrag mit aller Schärfe und Bestimmtheit zu wiederholen.

XLIV.

Durch den Rechtssatz, dass der Dienstherr innerhalb des Dienstverhältnisses für die persönlichen Güter des Arbeiters ungeachtet entgegenstehender Verabredungen bei Vermeidung der Entschädigungspflicht zu sorgen habe, ist die Grundlage für eine neue Auffassung des Lohnverhältnisses gewonnen. Dieser neue Grundsatz würde natürlich bei der Anwendung auf die unzähligen Fälle, welche die Wirklichkeit bietet, auf die grössten Schwierigkeiten stossen und bei der den besitzlosen Volksklassen so ungünstigen Zusammensetzung der Gerichte nur sehr allmählich in die Praxis des bürgerlichen Lebens eindringen. Aber ein bürgerliches Gesetzbuch kann in dieser Frage schwerlich viel tiefer in die Einzelheiten eingehen. Hier ist vielmehr ein weiter Spielraum für die verwaltende Thätigkeit des Staates gegeben.

In dieser Richtung haben wir nur bereits bestehende Tendenzen in unserer Gesetzgebung auszubilden und zu entwickeln. So bestimmt die deutsche Gewerbeordnung (§ 120), dass der Bundesrat Vorschriften darüber erlassen kann, welche Einrichtungen für alle Anlagen einer bestimmten Art zur thunlichsten Sicherung gegen Gefahr für Leben und Gesundheit herzustellen sind. Ebenso kann ferner (§ 139a der Gew.-Ordn.) durch Beschluss des Bundesrats die Verwendung von jugendlichen Arbeitern sowie von Arbeiterinnen für gewisse Fabrikationszweige, welche mit besonderen Gefahren für Gesundheit oder Sittlichkeit verbunden sind, gänzlich untersagt oder von besonderen Bedingungen abhängig gemacht werden. Aus diesen Bestimmungen geht hervor, dass der Bundesrat schon jetzt — allerdings nur bei den gewerblichen Arbeitern — den Dienstherrn durch allgemeine Vorschriften einen Teil jener Verpflichtungen auflegen kann, welche ich oben (XLII.) als die Sorge für die persönlichen Güter der Arbeiter bezeichnet habe. Auch die Berufsgenossenschaften können für bestimmte Industriezweige oder Betriebsarten oder bestimmte abzugrenzende Bezirke ihre Mitglieder zur Herstellung der zur Verhütung von Unfällen erforderlichen äusseren Vorkehrungen verpflichten und haben das Recht, sie bei der Erfüllung dieser Verbindlichkeit zu überwachen [1]).

Auf Grund der dargestellten Bestimmungen hat der Bundesrat zu wiederholten Malen Verfügungen im Interesse der Gesundheit und der Sittlichkeit der gewerblichen Arbeiter erlassen. Ich erwähne hier nur die Bekanntmachung des Bundesrats vom 9. Mai 1888, durch welche die Einrichtung und der Betrieb der zur Anfertigung von Zigarren bestimmten Anlagen normiert wurde. In dieser Verordnung wird die Anlage, die Reinigung und Lüftung der Betriebstätten, ferner der für jeden Arbeiter bestimmte Luftraum und die Lagerung der Vorräte aus Gesundheitsrücksichten genau geregelt. Im Interesse der Sittlichkeit wird bestimmt, dass Arbeiterinnen und jugendliche Arbeiter in einem unmittelbaren Arbeitsverhältnis zu dem Betriebsunternehmer stehen müssen, ferner dass für männliche und weibliche Arbeiter getrennte Aborte und Ankleideräume vorhanden sein müssen.

Gewiss kann niemand verkennen, dass diesen Bestimmungen der Gewerbeordnung und des Unfallversicherungsgesetzes der Gedanke zu Grunde liegt, dass der Dienstherr für die persönlichen Güter des Arbeiters, namentlich auch für seine Gesundheit und Sittlichkeit, innerhalb des Dienstverhältnisses zu sorgen verpflichtet ist. Nur das muss befremden, dass so wohlthätige Massregeln bloss für die gewerblichen Arbeiter gelten. Ist etwa die Gesundheit und Sittlichkeit grosser Gruppen

---

1) § 78 des Unfallversicherungsgesetzes vom 6. Juli 1884; vgl. auch § 81 Unf.-Vers.-Ges.; § 9, 10 des Ausdehnungsgesetzes vom 28. Mai 1885; § 44 des Bauunfallversicherungsgesetzes vom 11. Juli 1887.

von städtischen und ländlichen Dienstboten geringeren Gefahren ausgesetzt, als bei den in der Zigarrenindustrie beschäftigten Arbeitern? Im Gegenteile kann man mit gutem Grunde behaupten, dass die gute Organisation und die höhere Ausbildung der gewerblichen Arbeiter sie in die Lage versetzt, sich von den Dienstherrn auch in dieser Richtung bessere Arbeitsbedingungen zu erzwingen, dass aber dieselben Machtfaktoren gleichwohl auch die Bestimmungen der Gewerbeordnung durchgesetzt haben.

Die Vorteile, welche man den gewerblichen Arbeitern längst gewährt hat, sollten nach meiner Auffassung auf alle in Dienstverhältnissen stehenden Personen, namentlich aber auch auf das städtische und ländliche Gesinde, ausgedehnt werden, obgleich oder weil diese bisher an den Staat noch nicht mit ungestümen Forderungen herangetreten sind. Wenn also das bürgerliche Gesetzbuch festsetzt, dass der Dienstherr bei der Benützung der Arbeitskraft, bei der Herstellung der äusseren Vorrichtungen und bei der Verpflegung für die persönlichen Güter des Arbeiters zu sorgen verpflichtet ist, so ist die weitere Bestimmung hinzuzufügen, dass die höheren Landesverwaltungsbehörden zur Durchführung dieser Verpflichtung allgemeine Vorschriften, sei es auch nur für einzelne Gattungen des Dienstverhältnisses oder für örtlich abgegrenzte Bezirke erlassen können, soweit nicht die Zuständigkeit der Reichsbehörden begründet ist. Dies würde natürlich nicht verhindern, dass einzelne besonders wichtige Fragen, z. B. die zeitliche Ausdehnung des Arbeitstages (Normalarbeitstag), die Sonntagsruhe, die Beschränkung der Frauen- und Kinderarbeit der Reichs- und Landesgesetzgebung vorbehalten bleiben.

Denkt man sich diese Thätigkeit der Gesetzgebung und der Verwaltung als abgeschlossen, so würde sich uns das Ganze als eine völlige Neuordnung des Lohnverhältnisses auf privatrechtlichen Grundlagen darstellen. An die Stelle der einseitigen Willkür und der Gewohnheit, welche gegenwärtig dieses wichtige Rechtsverhältnis beherrschen, würde eine umfassende Kodifikation der gesamten Arbeitsordnung treten, die aber andererseits hinreichend biegsam wäre, um allen örtlichen und geschichtlichen Besonderheiten gerecht zu werden und jede notwendige Abänderung zu gestatten. Zugleich wäre aber damit auch das Verhältnis zwischen den besitzenden und den besitzlosen Volksklassen so günstig gestaltet, als dies in den Schranken der privatrechtlichen Ordnung überhaupt möglich erscheint.

XLV.

Die dargestellte Ordnung der Dienstverhältnisse, welche auf einem Zusammenwirken der bürgerlichen Gesetzgebung und der Verwaltungsthätigkeit des Staates beruht, wird wohl im allgemeinen genügen, um das Verhältnis zwischen dem Lohnherrn und dem Arbeiter allmählich gerechter und günstiger zu gestalten. Nur in einer Richtung müsste das bürgerliche Gesetzbuch jedenfalls über jene prinzipiellen Bestimmungen (XLII.) noch einen Schritt hinausgehen, um ererbte selbstsüchtige Gewohnheiten der höheren Stände zu brechen. Dies Gebiet ist das Gesindewesen.

Keine Erscheinung in unserer bürgerlichen Gesellschaft nähert sich so sehr der Sklaverei und der Leibeigenschaft als das Gesindeverhältnis. Durch den Gesindevertrag wird nach der überlieferten Anschauung die *ganze* Arbeitskraft des Dienstboten zur Verfügung des Dienstherrn gestellt; es ist regelmässig schon ein Zeichen humaner Gesinnung, wenn die sogenannte »Herrschaft« dem Gesinde in längeren Zeiträumen einen Spaziergang oder einen kurzen Zeitraum zur Besorgung der eigenen Angelegenheiten gestattet. Mit welchem Entsetzen sehen die Sozialpolitiker der Gegenwart auf die »ungemessenen« Frohnden früherer Jahrhunderte zurück, ohne zu bemerken, dass sie zu ihren Dienstboten in einem ganz ähnlichen Rechtsverhältnis stehen. Denn wenn man das Wesen des Dienstvertrages darin erblickt, dass der Arbeiter dem Dienstherrn seine Arbeitskraft für eine bestimmte Zeit oder einen bestimmten Zweck zur Verfügung stellt, so haben unsere Dienstboten in Wirklichkeit einen Normalarbeitstag von 24 Stunden.

Dass ein so unnatürliches Verhältnis nicht nur für das Gesinde, sondern auch für die »Herrschaften« sich meistens sehr unbefriedigend gestaltet, kann niemand befremden. Jeder Mensch kann mit Recht verlangen, dass er für seine persönlichen Zwecke einen bestimmten Zeitraum zur Verfügung hat, ohne auf die Gefälligkeit eines anderen angewiesen zu sein. Wer dieses Recht nicht besitzt, ist thatsächlich unfrei, mag ihm auch die Befugnis zustehen, ein solches Verhältnis jederzeit durch Kündigung wieder aufzulösen.

Auf die Gefahr hin, dass ein so volkstümlicher Paragraph in der vornehmen Umgebung des deutschen Entwurfs, welcher überall bloss die Interessen der obersten Zehntausend ins Auge fasst, sich etwas absonderlich ausnehmen wird, möchte ich die Aufnahme folgender Bestimmung in den Abschnitt über den Dienstvertrag vorschlagen. »Jedem Dienstboten ist ein be»stimmter Zeitraum zum Schlaf, zu den Mahlzeiten und »zur Besorgung seiner persönlichen Angelegenheiten zu »gewähren. Auf die Gewährung eines solchen freien »Zeitraums kann von dem Dienstboten rechtswirksam »nicht verzichtet werden. Die höheren Landesverwal»tungsbehörden haben das Recht, zur Durchführung »dieser Bestimmung allgemeine Vorschriften zu erlassen, »welche für die einzelnen Gesindeklassen und für örtlich »abgegrenzte Bezirke verschieden sein können.«

Die Bestimmung der freien Zeit für den Schlaf und die Mahlzeiten müsste natürlich für alle Tage erfolgen. Dagegen würde sich die Gewährung einer täglichen kurzen Arbeitspause zur Besorgung der persönlichen Angelegenheiten für den Dienstboten als unnütz, für den Dienstherrn aber als unbequem erweisen. Hier wäre es wohl am zweckmässigsten, wenn die Verwaltungsbehörde den Dienstherrn verpflichten würde, dem Gesinde an einem oder zwei Werktagen den Nachmittag frei zu geben.

Schon ältere Gesindeordnungen verpflichten den Dienstherrn, dem Gesinde für gewisse persönliche Zwecke, z. B. zum Besuche des Gottesdienstes, die nötige freie Zeit zu lassen (Preuss. Ges.-Ordn. § 84). Die obigen Rechtssätze sind nichts als eine zeitgemässe Erweiterung dieser Verpflichtung. Freilich setzt die vollständige Durchführung derselben eine Umbildung unserer häuslichen Sitten voraus; insbesondere müssten die wohlhabenden Frauen mehr als bisher an den Arbeiten des Hauses teilnehmen. Für dieses Opfer würden sie jedoch reichlich durch eine bessere Entwickelung des Gesindeverhältnisses entschädigt werden, welches sich desto ungünstiger gestalten muss, je mehr sich das Selbstbewusstsein und die freiheitlichen Instinkte der Massen beleben werden.

XLVI.

Diese Erörterung des Dienstvertrages vom Standpunkt der besitzlosen Volksklassen würde unvollständig bleiben, wenn ich nicht der zahlreichen Kollisionen gedächte, welche aus dem Zusammenbestehen von Dienst- und Familienverhältnissen entstehen. Da diese beiden Rechtsverhältnisse regelmässig den Menschen in seiner ganzen Persönlichkeit ergreifen, so sind solche Zusammenstösse in zahllosen Fällen unvermeidlich. Vom Standpunkte der sozialen Massenwirkungen sind weitaus am wichtigsten die Fälle, wo verheiratete oder verwitwete Frauen in dauernden Lohnverhältnissen stehen und dadurch genötigt sind, die Pflege und die Erziehung ihrer Kinder zu vernachlässigen.

Die Bestimmungen des Entwurfs über diese so wichtige Frage sind äusserst dürftig. Nach dem § 1506 hat während des Bestehens der Ehe neben dem Vater auch die Mutter die Pflicht und das Recht, für die Person des Kindes zu sorgen. Nach einer weiteren Bestimmung (§ 1277 d. Entw.) bedarf die Ehefrau zur Abschliessung von Dienstverträgen regelmässig der Einwilligung ihres Ehegatten. Aber nirgends wird gesagt, ob die Verpflichtungen aus dem Dienst- oder dem Familienverhältnis in dem Falle vorangehen, wenn beide Ehegatten durch Arbeitsverträge dauernd an der Erfüllung ihrer elterlichen Pflichten gehindert sind. Die

Verfasser gehen wohl stillschweigend von der Ansicht aus, dass der bisherige Zustand aufrecht erhalten bleiben soll, dass also in Kollisionsfällen die Verpflichtungen aus dem Lohnvertrage unbedingt zu erfüllen sind, obgleich das Familienverhältnis meistens früher entstanden ist und in der Volksanschauung als heiliger und unantastbarer betrachtet wird, als ein blosser Lohnvertrag. Darauf deutet auch die Bestimmung der Gewerbeordnung (§ 135), wonach die Beschäftigung von Wöchnerinnen nur drei Wochen nach ihrer Niederkunft und nur in den Fabriken verboten ist.

Hier ist offenbar einer der schärfsten Widersprüche in unserer auch sonst so widerspruchsvollen Rechtsordnung vorhanden. Der Staat legt den Eltern die Verpflichtung zur Pflege und Erziehung ihrer Kinder auf, er gestattet aber offenen Auges, dass sie in zahllosen Fällen in Rechtsverhältnisse eintreten, welche ihnen die gehörige Erfüllung dieser Pflicht unmöglich machen. Zwar wird das Bestehen eines Eltern- und Kindesverhältnisses, wenn diese Frage zwischen den Eltern und dem Kinde streitig ist, von dem Gericht bis zu einem gewissen Grade von Amtswegen untersucht und festgestellt (Art. 11, § 577, 627c d. Einf.-Ges. und Mot. S. 90); aber die Verfasser des Entwurfs haben sich mit Rücksicht auf die ungeheuren sozialen Konsequenzen gehütet, auch die praktischen Folgen dieses Rechtsverhältnisses, insbesondere die Pflicht der Eltern zur Erziehung und Pflege der Kinder, der Verwirklichung von Amtswegen zu unterwerfen.

Auf dem Gebiete des Privatrechts wird sich auch schwerlich ein Mittel finden lassen, um diesen schroffen Widerspruch in einer zweckmässigen Weise zu lösen.

Freilich wäre ein Rechtssatz denkbar, welcher den Frauen die Eingehung von Dienstverträgen nur soweit gestatten würde, als dadurch die Pflicht zur Pflege und Erziehung ihrer Kinder nicht beeinträchtigt erscheint. Aber eine solche durchgreifende Bestimmung würde bei den heutigen sozialen Zuständen so zahlreiche Familien der besitzlosen Volksklassen dem wirtschaftlichen Verderben preisgeben, dass an deren Erlassung nicht zu denken ist.

Hier ist vielmehr für die staatliche Sozialgesetzgebung der dringendste Anlass gegeben, in einen unhaltbaren Zustand ordnend einzugreifen. Manches ist in dieser Richtung bereits von der privaten Wohlthätigkeit durch Gründung von Kleinkinderbewahranstalten und ähnlichen Einrichtungen geschehen. Aber der Staat vor allen hat die Pflicht, diesen Widerspruch zwischen Recht und Wirklichkeit zu beseitigen, welcher einen beträchtlichen Teil der nachwachsenden Arbeitergeneration schon in seinem Entstehen gefährdet.

Die arbeitenden Klassen selbst aber müssen, gerade aus dem angeführten Grunde, diese Frage mit noch höherem Interesse verfolgen, als alles was ihre eigenen Wünsche und Bestrebungen betrifft. Das heutige Arbeitergeschlecht, vielfach in den ungünstigsten Verhältnissen aufgewachsen, wird das Ziel seiner Bestrebungen mit eigenen Augen niemals erblicken. Wenn sich vielmehr die arbeitenden Klassen über die vergänglichen Interessen des Augenblicks zu erheben und ihre wahren Zwecke ins Auge zu fassen verstehen, so müssen sie weniger eine Verbesserung ihrer eigenen Lebenshaltung, als eine körperliche, geistige und sittliche Hebung ihrer Kinder anstreben. Dadurch werden diese erst die Eignung erlangen, die Umbildung des

Rechts- und Polizeistaates in den Arbeits- und Wirtschaftsstaat und damit die grösste Veränderung in dem sozialen Zustand der Menschheit zu bewirken.

XLVII.

Ein wichtiger Mangel des Entwurfs, welcher naturgemäss die besitzlosen Volksklassen am meisten bedrücken muss, besteht darin, dass der Abschnitt über den Dienstvertrag keine Bestimmung über die Disziplinargewalt des Dienstherrn enthält. In Deutschland, in Oesterreich und wohl auch in anderen Ländern pflegen sich die grösseren Arbeitgeber, insbesondere Guts- und Fabrikbesitzer, Gesellschaften und Anstalten eine Disziplinargewalt über ihre Beamten und Arbeiter zuzuschreiben und kraft derselben Mahnungen und Verweise zu erteilen, Geldstrafen, Lohnabzüge und die Leistung von unentgeltlichen Diensten zu verfügen, ja sogar im Wege eines Disziplinarverfahrens die Entlassung auszusprechen. Meistens beruht diese Disziplinargerichtsbarkeit auf einem ausdrücklichen oder stillschweigenden Vertrag des Dienstherrn mit dem Dienstnehmer; es kommen aber auch Fälle vor, wo der erstere selbst ohne eine Vereinbarung einen solchen Anspruch auf die Disziplinargewalt erhebt und damit auch Anerkennung findet.

Grundsätzlich ist nun diese Disziplinargewalt des Dienstherrn jedenfalls zu verwerfen. Denn das Wesen der privaten Disziplinarrechtspflege besteht darin, dass der Dienstherr, also eine der am Dienstverhältnis beteiligten Personen, die Nichterfüllung des Dienstvertrages gegen den Arbeiter feststellt und über diesen eine Strafe verhängt. Kaum irgend ein Resultat der Prozesswissenschaft steht aber so fest, als dass niemand in eigener Sache Richter sein kann, dass vielmehr der Richter den Parteien als ein unparteiischer Dritter gegenüberstehen muss.

In einzelnen Fällen ist nun trotzdem eine Disziplinargewalt des Dienstherrn über den Dienstnehmer durch ausdrückliche Gesetze anerkannt. So ist nach der deutschen Gewerbeordnung (§ 127) der Lehrling der väterlichen Zucht des Lehrherrn unterworfen. Der Schiffer übt die Disziplinargewalt über das Schiffsvolk, der Unternehmer einer Eisenbahn über die bei dem Betrieb angestellten Personen aus. Auch in einzelnen Gesindeordnungen wird dem Dienstherrn eine beschränkte Zuchtgewalt über das Gesinde eingeräumt. Doch ist das Züchtigungsrecht des Dienstherrn in Ansehung der Dienstboten entfernt nicht in allen Gesindeordnungen anerkannt und überhaupt als ein halbbarbarisches Rechtsinstitut zu betrachten, welches in raschem Absterben begriffen ist.

Sieht man von diesen und anderen im Gesetze bestimmten Fällen ab, welche zum Teil in der Natur der Sache begründet sind, so lässt sich im übrigen die Disziplinargewalt des Dienstherrn schwerlich rechtfertigen. Dienstverträge kann regelmässig Jeder mit Jedem abschliessen und man kann deshalb nicht ohne weiteres bei dem Dienstherrn jenen Grad von sittlicher Reife und Selbstbeherrschung voraussetzen, welcher unerlässlich ist, wenn er als Richter in eigener Sache das Recht nicht in unzähligen Fällen mit Füssen treten soll. Dazu kommt noch, dass der Dienstherr in den praktisch wichtigsten Fällen, wenn er mit dem Benehmen und den Leistungen des Dienstnehmers nicht zufrieden ist, dessen Entlassung einfach durch eine vierzehntägige Kündigung bewirken (§ 563 des Entw.) und auf diese Weise die wesentlichen Wirkungen der schärfsten Disziplinarstrafe ohne die Parodie eines Disziplinarverfahrens herbeiführen kann. Nur die Befugnis zur Erteilung von Mahnungen könnte man dem Dienstherrn kaum absprechen, weil durch eine solche dem Dienstnehmer kein materielles Uebel zugefügt wird, und dieser ja auch dem Dienstgeber seine Meinung über die Erfüllung seiner Vertragspflichten aussprechen kann.

Der deutsche Entwurf hat zu unserer Frage, ebenso wie zu allen wichtigeren Streitfragen des Dienstverhältnisses, keine Stellung genommen. Da kaum glaublich ist, dass ein so wichtiger Punkt, der täglich Arbeitseinstellungen und andere Zusammenstösse zwischen den besitzenden und besitzlosen Volksklassen herbeiführt, der Aufmerksamkeit der Verfasser entgangen sein sollte, so ist wohl anzunehmen, dass durch das Stillschweigen des Entwurfs der bisherige ungeordnete und zweifelhafte Zustand aufrecht erhalten werden soll. Dieser Zustand ist auch für die besitzenden Klassen jedenfalls sehr vorteilhaft. Denn wenn die Verfasser dem Dienstherrn, sei es auf Grundlage des Dienstvertrags an sich, sei es auf Grund einer besonderen Vereinbarung, eine Disziplinargewalt über seine geistigen und mechanischen Arbeiter eingeräumt hätten, so wäre es unerlässlich gewesen, zum mindesten die zulässigen Disziplinarstrafen und das zu beobachtende Verfahren näher zu bestimmen, gerade so wie selbst der Staat überall seine Disziplinargewalt über die Beamten und Diener durch genaue Disziplinarvorschriften begrenzt hat. Dadurch wäre aber die bisherige Willkür der Dienstherrn natürlich sehr erheblich eingeschränkt worden.

XLVIII.

Indem ich nun darangehe, meine Vorschläge zur Abänderung und Ergänzung der Bestimmungen des deutschen Entwurfs über den Dienstvertrag zusammenzufassen, kann ich mir nicht verhehlen, wie unvollkommen und lückenhaft dieselben sind. Wenn in späteren Epochen ein Leser diese Blätter seiner Durchsicht würdigen sollte, so werden sie auf ihn schwerlich einen anderen Eindruck machen, als auf uns die Schriften des vorigen Jahrhunderts über die Reform der Frohnden und der Leibeigenschaft. Aber man möge nicht vergessen, dass ich der erste bin, der vom Standpunkt der besitzlosen Volksklassen in die Abgründe und Schlupfwinkel des Privatrechts hineinleuchtet. Diese ungünstige Lage mag die Unvollkommenheit der ganzen Arbeit, namentlich aber der Ausführungen über den Lohnvertrag entschuldigen.

In folgenden Punkten wäre also der deutsche Entwurf teils abzuändern, teils zu ergänzen, wobei hervorzuheben ist, dass diese Vorschläge jetzt gerade in den wichtigsten Punkten auch die kaiserlichen Erlasse vom 4. Februar 1890 (vgl. oben S. 152) für sich haben:

1) Die Dienstbotenbücher sind zu beseitigen.

2) Der Dienstherr hat dafür Sorge zu tragen, dass im Dienstverhältnis das Leben, der Körper, die Gesundheit, die Arbeitskraft, die Ehre und die Sittlichkeit des Arbeiters nicht verletzt werden.

3) Der Dienstherr darf folglich die Arbeitskraft des Dienstnehmers, welche ihm durch den Dienstvertrag zur Verfügung gestellt wird, nur in dem Umfang und in der Weise gebrauchen, dass die persönlichen Güter

des Arbeiters (Abs. 2) nach dem gewöhnlichen Laufe der Dinge nicht verletzt werden.

4) Der Dienstherr hat ferner nach dem jeweiligen Stande der Erfahrung alle äusseren Vorkehrungen zu treffen, damit nach dem gewöhnlichen Laufe der Dinge eine Verletzung der persönlichen Güter des Arbeiters (Abs. 2) verhindert wird.

5) Wenn endlich nach dem Dienstvertrage dem Arbeiter Kost, Wohnung und Bekleidung zu gewähren sind, so sind dieselben von den Dienstherren in einer Weise zu leisten, dass dadurch die persönlichen Güter des Arbeiters (Abs. 2) nach dem gewöhnlichen Laufe der Dinge nicht verletzt werden.

6) Die unter Ziffer 2—5 angeführten Verpflichtungen des Dienstherrn können durch den Dienstvertrag oder durch besondere Vereinbarungen zwischen dem Dienstherrn und dem Dienstnehmer weder aufgehoben noch auch gemindert werden.

7) Der Dienstherr, welcher einer der unter Ziffer 2—5 angeführten Verpflichtungen vorsätzlich, aus Fahrlässigkeit oder aus Eigennutz (vgl. LII.) entgegenhandelt und dadurch eine Verletzung der persönlichen Güter des Dienstnehmers (Abs. 2) verursacht, ist dem letzteren zur Entschädigung verpflichtet. Diese Entschädigungspflicht kann gleichfalls durch Vereinbarung zwischen dem Dienstherrn und dem Dienstnehmer nicht ausgeschlossen oder gemindert werden. Die Höhe der zu leistenden Entschädigung bestimmt der Richter nach freiem Ermessen, ohne dass der Nachweis eines Vermögensschadens erforderlich ist.

8) Zur Durchführung der unter Ziffer 2—5 enthaltenen Grundsätze können die höheren Landesver-

waltungsbehörden auf Antrag oder von Amtswegen allgemeine Verwaltungsvorschriften erlassen, welche gehörig kundzumachen sind. Diese Verwaltungsvorschriften können für die einzelnen Klassen von Dienstnehmern und für örtlich abgegrenzte Bezirke verschieden sein. Die Gesetze, welche die Befugnis zur Erlassung solcher allgemeinen Verwaltungsvorschriften dem Bundesrat oder anderen Organen einräumen, bleiben unberührt.

9) Dem Dienstgeber steht, wenn das Gesetz nicht ausdrücklich etwas anderes bestimmt, keine Disziplinargewalt über den Dienstnehmer zu. Verträge, durch welche der Dienstnehmer dem Dienstgeber eine solche Disziplinargewalt einräumt, sind ungültig.

XLIX.

Jede Kritik des Privatrechts vom Standpunkt der besitzlosen Volksklassen, welche die Eigentumsordnung als eine gegebene Thatsache betrachtet, muss darauf ausgehen, die persönlichen Güter der Menschen in den Vordergrund zu stellen und die überwuchernden Eigentumsinteressen zurückzudrängen. Mit dem alten Wort, dass das Recht der Menschen wegen gegründet worden sei, muss so weit Ernst gemacht werden, als dies in den Schranken des Privateigentums überhaupt möglich ist. Von diesem Gesichtspunkt habe ich das Familien- und den grössten Teil des Obligationenrechts der Kritik unterzogen; aber zu einer vollständigen Lösung dieser Aufgabe wäre es notwendig, die Normen über jedes wichtigere Vertragsverhältnis in der Richtung zu durchforschen, ob durch dieselben die persönlichen Güter, das einzige Besitztum der grossen Massen, hinreichend geschützt erscheinen. Eine so umfassende Frage kann natürlich in dem engen Rahmen dieser Blätter nicht vollständig beantwortet werden; nur folgende Bemerkungen über den Mietvertrag will ich zu den bisherigen Ausführungen über das Vertragsrecht hinzufügen.

Das Wohnungsbedürfnis gehört zu jenen Interessen, welche bei einer richtigen Organisation der Gesellschaft jedenfalls auf das Vollkommenste befriedigt werden könnten, was in Ansehung des Nahrungsbedürfnisses von Malthus und anderen bezweifelt worden ist. Aber schwerlich wird dieses wichtige Ziel bei vollständiger Wahrung des Grundeigentums jemals erreicht werden. Thatsächlich gehen auch alle durchgreifenden Vorschläge zur Lösung der Wohnungsfrage davon aus, dass der Staat oder in seinem Namen die Gemeinden und die Genossenschaften sich der zu Wohnungszwecken geeigneten Grundstücke um einen mässigen Preis bemächtigen und auf diese Weise eine bessere Befriedigung des Wohnungsbedürfnisses ermöglichen. Hier ist nach dem Standpunkt, welchen ich in dieser Schrift überhaupt einnehme, das Fortbestehen des vollen Grundeigentums und des Mietvertrages vorauszusetzen.

Der deutsche Entwurf (§ 503) gibt von dem Mietvertrag eine ähnliche Begriffsbestimmung wie von dem Lohnvertrag. Darnach wird der Vermieter durch den Mietvertrag verpflichtet, dem Mieter den Gebrauch der vermieteten Sache während der Mietszeit zu gewähren, während der Mieter dem Vermieter die vereinbarte Gegenleistung (Mietzins) zu entrichten hat. Der Vermieter hat also nur dafür Sorge zu tragen, dass die gemietete Wohnung — denn diesen vom sozialen Standpunkt wichtigsten Fall der Sachmiete will ich hier allein ins Auge fassen — dem Mieter wirklich zum Gebrauche überlassen wird; ob sie aber von einem Menschen zu Wohnungszwecken wirklich gebraucht werden kann, ist für ihn gleichgültig. Er kann, wenn er nur offen vorgeht, auch gesundheitsschädliche, ja lebensgefährliche Wohnungen vermieten, ohne irgend welche privatrechtliche Nachteile fürchten zu müssen. Auch später hat der Vermieter (§ 505 d. Entw.) nur dafür Sorge zu tragen, dass die Sache zu dem vertragsmässigen Gebrauche tauglich bleibt, mag dieser »vertragsmässige Gebrauch« die höchsten persönlichen Güter des Mieters auch noch so sehr gefährden (Mot. II, 373).

Die wohlhabenden Stände werden durch diesen Rechtszustand wenig geschädigt, weil sie durch ihre wirtschaftliche Lage in den Stand gesetzt sind, sich ihre Wohnungen frei zu wählen. Mit voller Wucht fällt dagegen der Rechtssatz, dass der Vermieter auch zu Wohnungszwecken völlig untaugliche Räume vermieten kann, auf die besitzlosen Volksklassen, weil sich diese bei dem Mieten ihrer Wohnungen regelmässig in einer Zwangslage befinden und deshalb auch offenbar gesundheitsschädliche Wohnungen mit vollem Bewusstsein übernehmen. Man kann mit gutem Grunde behaupten, dass die oft scheusslichen Wohnungszustände unserer ärmeren Volksklassen hauptsächlich durch diesen mangelhaften Rechtszustand herbeigeführt werden. Und doch sollte man glauben, dass selbst vom juristischen Standpunkt aus nur solche Räume den Gegenstand des Mietvertrages bilden können, welche auch objektiv zu Wohnungszwecken verwendbar sind.

Demgemäss müsste der Vermieter für haftbar erklärt werden, wenn er vorsätzlich, aus Fahrlässigkeit oder aus Eigennutz (LII.) eine Wohnung vermietet, welche nach dem gewöhnlichen Laufe der Dinge durch ihre Beschaffenheit das Leben, den Körper, die Gesundheit und die Arbeitskraft des Mieters oder seiner Angehörigen gefährdet, und wenn infolge der Beschaffenheit der Wohnung eine solche Verletzung wirklich eingetreten ist. Wie beim Lohnvertrag müsste der Richter die Höhe der von dem Vermieter zu leistenden Entschädigung auch ohne Nachweis eines Vermögensschadens nach freiem Ermessen bestimmen und eine diese Entschädigungspflicht ausschliessende Vereinbarung der Beteiligten der rechtlichen Wirkung entbehren. Ich bin überzeugt, dass durch eine solche Bestimmung des bürgerlichen Gesetzbuchs die Wohnungszustände der ärmeren Volksklassen allmählich eine viel nachhaltigere Verbesserung erfahren würden, als durch alle Einrichtungen der Bau- und Gesundheitspolizei jemals geschehen kann. Jedenfalls wäre dann für eine bessere Befriedigung des Wohnungsbedürfnisses der besitzlosen Volksklassen alles geschehen, was innerhalb der Schranken des vollen Grundeigentums und des Mietvertrags überhaupt möglich ist.

L.

Indem ich nunmehr zu der zweiten Abteilung des Obligationenrechts nämlich zu den Schuldverhältnissen aus unerlaubten Handlungen übergehe, sei vor allem bemerkt, dass dieses Rechtsgebiet entfernt nicht jene soziale Bedeutung hat wie das Vertragsrecht. Die privatrechtliche Organisation der Arbeit wird in ihrem regelmässigen Verlauf durch die

Verträge und die diesen sich anschliessenden Schuldverhältnisse beherrscht, wozu sich die unerlaubten Handlungen nur als vergleichsweise seltene Krankheitserscheinungen verhalten. Nur darin hat die Schadenersatzpflicht, welche in der Regel aus den unerlaubten Handlungen entspringt, auch für das Vertragsrecht eine weittragende Bedeutung, dass die Nichterfüllung der Verträge in manchen Gesetzgebungen mit den unerlaubten Handlungen gleich behandelt wird und dass in allen Gesetzbüchern beide Fälle im wesentlichen von denselben Anschauungen und Interessen beherrscht werden.

Fragen wir nun zuvörderst, welche Güter die bürgerliche Gesetzgebung gegen die Verletzung durch unerlaubte Handlungen beschützt, so werden wir drei Gruppen zu unterscheiden haben. Zunächst jene Güter, welche vorzüglich im Interessenkreis der besitzenden Volksklassen liegen, ferner jene Interessen, welche den besitzenden und den besitzlosen Volksklassen gemeinsam sind, endlich jene, welche bloss die ärmeren Bevölkerungsschichten zu verteidigen haben.

Zu der ersten Gruppe gehören namentlich alle Vermögensinteressen. Da es sich hier um die Lebensfragen der besitzenden Volksklassen handelt, so ist der straf- und zivilrechtliche Schutz der Vermögensrechte auf das Sorgfältigste ausgebildet. Wie sehr die Vermögensinteressen in Beziehung auf die Schadenersatzpflicht vor den persönlichen Gütern bevorzugt werden, ist schon in einem früheren Abschnitte dieser Blätter (XXXVI) auseinandergesetzt worden. Der Entwurf ist in der Begünstigung der Vermögensinteressen sogar noch über die meisten älteren Gesetzbücher hinausgegangen, indem der Schadenersatz nicht nur die Vergütung der wirklich erlittenen Vermögenseinbusse, sondern in allen Fällen auch jene des entgangenen Gewinnes umfasst. Dazu kommt noch, dass die Besitzklagen und die Strafgesetze gegen den Diebstahl, Raub, Haus- und Landfriedensbruch und ähnliche Verbrechen einen mächtigen Schutz der Vermögensinteressen, namentlich durch Aufrechthaltung der thatsächlichen Seite der Eigentumsordnung, gewähren. Kurz, die besitzenden Volksklassen befinden sich regelmässig nur in der Verlegenheit, zwischen den zahlreichen gesetzlichen Schutzmitteln ihrer Vermögensinteressen die richtige Wahl zu treffen.

Zu der zweiten Gruppe, also zu jenen Gütern, welche im Interessenkreis der besitzenden wie der besitzlosen Volksklassen liegen, gehört das Leben, die körperliche Unversehrtheit, die Gesundheit, die Freiheit und die Ehre (§ 704 d. Entw.). Diese Güter werden, wie natürlich ist, gegen schwere Angriffe durch strenge Strafgesetze in der wirksamsten Weise geschützt; dagegen ist der zivilrechtliche Schutz, wie schon oben gezeigt wurde, in hohem Masse ungenügend. Vollständig fehlt es an jedem Schutzmittel gegen die leichteren, aber desto zahlreicheren und wirksameren Verletzungen der persönlichen Güter, welche innerhalb der Lohn-, Miet- und anderer Vertragsverhältnisse erfolgen, weil sich hier eben die Interessen der besitzenden und der besitzlosen Volksklassen in einem Gegensatz befinden.

Die dritte Gruppe von Gütern, welche vorzüglich die besitzlosen Volksklassen zu verteidigen haben, umfasst die Frauenehre und die Arbeitskraft. Zwar legen die wohlhabenden Stände diesen Gütern gleichfalls die grösste Bedeutung bei, aber sie befinden sich in einer so günstigen sozialen Stellung, dass dieselben von den besitzlosen Volksklassen regelmässig gar nicht angegriffen werden können. Dagegen gehört die Frauenehre und die Arbeitskraft zu jenen Interessen, deren wirksame Beschützung gegen Eingriffe der Reichen von den besitzlosen Volksklassen mit vollem Rechte erwartet werden kann.

In Wirklichkeit ist aber die Frauenehre und die Arbeitskraft weder im Zivil-, noch auch im Strafrecht hinreichend geschützt. Was die Frauenehre betrifft, so ist das Nötige schon in der Besprechung des Familienrechts bemerkt worden. In der That lässt sich auch nicht verkennen, dass die Ehre der ärmeren Frauenspersonen durch eine richtige Gestaltung der Deflorationsklage und des Rechtsverhältnisses der unehelichen Kinder weit wirksamer geschirmt wird, als durch eine Erweiterung der Schadenersatzpflicht.

Eine ähnliche ablehnende Haltung nimmt der Entwurf auch zu dem wichtigsten wirtschaftlichen Gute der besitzlosen Volksklassen nämlich zu der Arbeitskraft ein. Unter den persönlichen Gütern, deren Verletzung die Pflicht zum Schadenersatz und zur Entschädigung begründet, nennt der § 704 des Entwurfs das Leben, den Körper, die Gesundheit, aber nicht die Arbeitskraft. Man muss deshalb wohl annehmen, dass eine blosse Minderung oder Aufhebung der Arbeitskraft, wenn mit ihr nicht zugleich eine Körperverletzung oder eine Gesundheitsstörung verbunden ist, niemals die Verbindlichkeit zum Ersatz des Vermögensschadens oder zur Leistung einer billigen Geldentschädigung bewirken kann (vgl. 726 d. Entw.).

Und doch scheint mir unzweifelhaft, dass die Verletzungen der Gesundheit und der Arbeitskraft zwar oft, aber nicht immer zusammenfallen. Die Gesundheit ist nämlich ein Zustand des menschlichen Körpers, in welchem alle natürlichen Verrichtungen in völlig regelmässiger Weise vor sich gehen; die Arbeitskraft ist dagegen die Fähigkeit eines Menschen, in seinem Berufe dauernd zu wirken. Die Gesundheit ist folglich eine Thatsache, welche lediglich dem natürlichen Dasein des Menschen angehört, während die Arbeitskraft schon eine Beziehung auf seinen sozialen Zustand in sich schliesst. Die Verletzung des einen Zustandes muss deshalb nicht notwendig eine Störung des andern herbeiführen. So ist der Zungenkrebs gewiss eine fürchterliche Krankheit, aber die Arbeitskraft eines gewöhnlichen Taglöhners wird dadurch lange Zeit nicht gestört werden. Umgekehrt kann ein Arbeiter durch Uebermüdung, Einatmen von Staub und schlechter Luft und ähnliche Schädlichkeiten seine Arbeitskraft lange Zeit verloren haben, bevor die Symptome einer Krankheit hervortreten.

Mit Rücksicht auf diese Darstellung halte ich es für notwendig, dass in dem Entwurf (§ 704) neben dem Leben, dem Körper und der Gesundheit auch das wichtigste wirtschaftliche Gut der besitzlosen Volksklassen: die Arbeitskraft als ein gegen unerlaubte Handlungen geschützter Zustand bezeichnet werde.

LI.

Jede unerlaubte Handlung, aus welcher eine Schadenersatzverpflichtung entspringen soll, beruht auf einem Verschulden des Handelnden, im Sinne des Entwurfs auf bösem Vorsatz oder auf Fahrlässigkeit (§ 704 d. E.). Zwar kennen alle modernen Rechtssysteme eine beträchtliche und unausgesetzt sich erweiternde Gruppe von Schadenersatzansprüchen, welche auf keinem Verschulden des Verpflichteten beruhen, sondern aus Billigkeit oder anderen rechtspolitischen Gründen eingeführt worden sind. Aber vom Standpunkte der sozialen Massenwirkungen sind diese Fälle ohne grosse Bedeutung und können an dieser Stelle füglich übergangen werden.

Damit nun in jedem einzelnen Falle entschieden werden könne, ob jemand ein Verschulden begangen oder genügende Sorgfalt entwickelt hat, muss ein Massstab vorhanden sein, an dem die Handlungsweise jedes Einzelnen gemessen werden kann. Dieser Massstab ist nach dem Entwurf die Sorgfalt eines ordentlichen Hausvaters (§ 146 d. Entw.). Wer sich so benimmt wie ein ordentlicher Hausvater, dem kann regelmässig weder ein Verschulden zugerechnet noch eine Schadenersatzpflicht auferlegt werden, mag seine Thätigkeit auch in dem einzelnen Falle den äusseren Thatbestand einer unerlaubten Handlung aufweisen. Kurz, wenn der Entwurf, der in dieser Richtung nichts Neues einführt, Gesetzeskraft erlangt, so wird man den ordentlichen Hausvater gleichsam als den juristischen Normalmenschen betrachten können.

Und doch, welch' scheussliches Zerrbild, wert von der Hand eines Juvenal oder eines Dickens gezeichnet zu werden, ist dieser ordentliche Hausvater des deutschen Entwurfs! Obgleich weder in dem Entwurf noch auch in den Motiven eine Begriffsbestimmung des ordentlichen Hausvaters gegeben ist, so lässt sich doch aus denselben ein klares Bild dieser kläglichen Erscheinung gewinnen. Lässt der ordentliche Hausvater jemand in Gefahr oder Not verkommen, dem er leicht hätte helfen können, so antwortet er, dass ein ordentlicher Hausvater nur »über die Seinigen und das Seine »mit Gewissenhaftigkeit und Treue wacht« (Mot. I, 379). Hat er ein Mädchen verführt und verlangt dasselbe eine Entschädigung, so entgegnet er der Verführten, »dass sie trotz der Verführung der Willensfreiheit nicht »beraubt war, demjenigen aber, welcher in eine be»schädigende Handlung eingewilligt, nach § 706 d. E. ein »Anspruch auf Schadenersatz nicht zustehe« (Mot. IV, 914). Hat ein Arbeiter in seinem Dienste oder ein Mieter in einer ungesunden Wohnung seines Hauses die Gesundheit oder die Arbeitskraft eingebüsst, so tröstet er dieselben damit, dass er seine vertragsmässigen Verpflichtungen genau erfüllt habe (§ 503—505, 559 d. Entw.). Hat der ordentliche Hausvater dem Nachbarn — ohne eigenen Nutzen und lediglich aus Gehässigkeit — seine Fenster durch eine Mauer verbaut, so verweist er einfach auf die Motive (II, 727), wonach derjenige, der »ein besonderes Recht (hier das »Eigentumsrecht) ausübt, immer haftfrei sein muss, auch »wenn er aus Chikane handelt«. — Aehnliche Antworten des ordentlichen Hausvaters liessen sich aus dem Entwurf und aus den Motiven noch in grosser Zahl zusammenstellen.

Die Triebfedern, welche das Handeln des ordentlichen Hausvaters bewegen, haben wir im Verlaufe dieser Darstellung zur Genüge kennen gelernt. Thatsächlich ist der ordentliche Hausvater nichts als der Typus für die Einseitigkeit der besitzenden Klassen, die notwendige persönliche Ergänzung für unser einseitiges Vermögensrecht. Man stelle mir diese typische Figur zur Verfügung und ich werde aus derselben allein den grössten Teil unseres heutigen Privatrechts herausspinnen. Deshalb wird auch eine volkstümliche Reform des Privatrechts niemals gelingen, wenn man den juristischen Normalmenschen von dem Nullpunkt der Sittlichkeit, auf welchem sich der ordentliche Hausvater befindet, nicht auf ein höheres Niveau emporzuheben versucht. Da der Typus des ordentlichen Hausvaters fast alle Rechtsverhältnisse des Privatrechts durchdringt und beherrscht, so würden sich diese insgesamt durch eine solche Emporhebung allmählich milder und menschlicher gestalten. Und es ist in der Natur der Sache gegründet, dass die vorteilhaften Folgen dieser Reform vorzüglich den besitzlosen Volksklassen zufallen werden, gegen welche ja auch die Schärfe und Starrheit des heutigen Privatrechts am meisten gerichtet ist.

LII.

Es ist nicht leicht, den Typus zu finden und mit einem kurzen Ausdruck zu bezeichnen, welcher den Massstab für die meisten Handlungen im Vertrags- und im Schadenersatzrecht, ja über diese hinaus im ganzen Privatrecht bilden soll. Das ist sicher, dass der ordentliche Hausvater, welcher sich in dem engen Kreis seiner selbstsüchtigen Interessen abschliesst, zu diesem Zwecke in einer Zeit nicht genügt, welche den Staat, ja die ganze Menschheit als eine grosse Gemeinschaft der sittlichen und wirtschaftlichen Interessen betrachtet. Andererseits wäre es aber auch verfehlt, diesen Massstab zu hoch emporzuschrauben und etwa den edelmütigen oder opferwilligen Menschen als den allgemeinen

Typus hinzustellen, da die Hingebung für fremde Zwecke bei der grossen Masse der Menschen niemals als dauernde Willensrichtung vorausgesetzt werden kann.

Auf die Gefahr hin, von den Juristen der Empfindsamkeit geziehen zu werden, möchte ich als den richtigen Mitteltypus den wackeren oder den braven Menschen vorschlagen. Im Gegensatz zu dem ordentlichen Hausvater, welcher nur über die Seinigen und das Seine wacht, weiss der wackere Mensch die eigenen und fremden Interessen in das richtige Verhältnis zu bringen. Eine chikanöse Ausübung seiner Rechte ist ihm fremd. Was sein Verhältnis zu den besitzlosen Volksklassen betrifft, so weiss er, dass er seine wirtschaftlichen Interessen nur so weit verfolgen darf, dass dadurch die höchsten persönlichen Güter der seinem Schutze anvertrauten Personen nicht gefährdet und verletzt werden. Hiebei wird er nicht nur die selbstsüchtige Auffassung eines Teils der wohlhabenden Stände, sondern auch die sittlichen Anschauungen der grossen Volksmassen beachten. Kurz, er wird nicht nur seine eigene Wohlfahrt wahrnehmen, sondern auch für das Wohl Anderer jene Sorgfalt anwenden, zu welcher ein wackerer Mensch durch Recht und Volkssitte verpflichtet ist.

An die Stelle der krausen und willkürlichen Regeln des Entwurfs, welche den Begriff der unerlaubten Handlung bestimmen (§ 704, 705), wäre daher folgender sehr einfacher und volkstümlicher Paragraph zu setzen: »Jedermann ist verpflichtet, für andere die »Sorgfalt anzuwenden, zu welcher ein wackerer Mensch »durch Gesetz und Volkssitte verpflichtet ist. Jede

»Verletzung dieser Verpflichtung ist im Sinne dieses »Abschnittes eine unerlaubte Handlung.«

Durch eine solche Bestimmung würde natürlich der Kreis der unerlaubten Handlungen erweitert werden, wie denn auch ohne eine gewisse Einschränkung der Handlungsfreiheit der wohlhabenden Stände eine Verbesserung des Verhältnisses zu den besitzlosen Volksklassen unmöglich ist; aber jene Erweiterung ist weniger beträchtlich, als man auf den ersten Blick annehmen wird, da ja schon der § 705 des Entwurfs zahlreiche Fälle der blossen Unsittlichkeit zu den unerlaubten Handlungen zählt, welche unter Umständen eine Schadenersatzpflicht begründen.

Stellt man sich auf den hier vertretenen Standpunkt, so müsste man drei Grade des Verschuldens unterscheiden: den bösen Vorsatz, die Fahrlässigkeit, den Eigennutz. Vorsatz wäre dann vorhanden, wenn eine Handlung mit Absicht und Bewusstsein unternommen wird; Fahrlässigkeit, wenn nicht die Sorgfalt eines ordentlichen Hausvaters angewendet wird (§ 144 d. E.); Eigennutz, wenn der Handelnde für andere nicht die Sorgfalt eines wackeren Menschen entwickelt.

Im allgemeinen wäre nun den Rechtsverhältnissen des Privatrechts der Typus des wackeren Menschen zu Grunde zu legen. Zum mindesten müsste aber jedermann nicht nur für Vorsatz und Fahrlässigkeit, sondern auch für den blossen Eigennutz einstehen, wenn es sich innerhalb oder ausserhalb der Vertragsverhältnisse um die persönlichen Güter seiner Mitbürger handelt. Der Dienstherr, der Vermieter, der Verkäufer von Lebensmitteln, derjenige, welcher den äusseren Thatbestand einer unerlaubten Handlung setzt, wären demgemäss juristisch verantwortlich, wenn sie die Sorgfalt eines wackeren Menschen ausser acht lassen und dadurch die persönlichen Güter eines Mitbürgers verletzen. Von diesem Gesichtspunkt aus wäre es nicht schwer, das Recht der Verträge, der unerlaubten Handlungen, sowie auch die übrigen Gebiete des Privatrechts in Beziehung auf die juristische Verantwortlichkeit umzugestalten.

Den wackeren Menschen könnten sich auch die besitzlosen Volksklassen als Typus gefallen lassen, während der ordentliche Hausvater offenbar der wohlbehauste und begüterte Bürger ist, der nur die Anschauungen des selbstsüchtigsten Teils der besitzenden Volksklassen widerspiegelt. Auch würde dadurch der Massstab alles rechtlichen Handelns von der besonderen Beziehung zu dem männlichen Geschlecht befreit werden. Denn wie kann man vernünftigerweise von sämtlichen deutschen Frauen verlangen, dass sie sich wie ordentliche Hausväter benehmen? Die Engländer, welchen man feinen Takt in praktischen Dingen gewiss nicht absprechen kann, haben ein Sprichwort, dass das Parlament alles vermag, nur nicht ein Weib zu einem Manne zu machen. Ich möchte auch dem deutschen Reichstag nicht raten, durch Annahme des Entwurfs den Versuch zu wagen, die deutschen Frauen wenigstens in juristischer Beziehung zu Männern zu machen.

Ich weiss sehr wohl, dass durch die Vertauschung zweier Ausdrücke und einige daran sich schliessende Aenderungen des Gesetzbuchs noch nicht das tausendjährige Reich herbeigeführt werden wird. Aber unzählige Härten, die man bei dem ordentlichen Hausvater natürlich findet, könnten dem wackeren Menschen nicht gestattet werden und so würde sich allmählich durch die Praxis der Gerichte und des bürgerlichen Lebens eine höhere Auffassung der gegenseitigen Pflichten aller Staatsbürger Bahn brechen. Ist ja doch auch die soziale Bewegung unserer Zeit dahin gerichtet, die einzelnen Individuen aus dem engen Bannkreis ihrer Selbstsucht herauszureissen und dieselben zu einer grossen Gemeinschaft der Zwecke und Interessen zu verschmelzen. Ja, wenn ich die sozialen Reformbestrebungen der Gegenwart mit einem juristischen Kunstausdruck bezeichnen sollte, so möchte ich sagen, dass wir unter dem erziehenden Zwange des Staates bestrebt sind, uns aus ordentlichen Hausvätern in wackere Menschen zu verwandeln.

LIII.

Es wäre leicht, auch den ganzen Abschnitt des Entwurfs über die Schuldverhältnisse aus unerlaubten Handlungen einer ähnlichen Kritik zu unterziehen. An dieser Stelle will ich nur den schon oft erwähnten § 706 des Entwurfs besprechen, der das Ueberwuchern der Eigentumsinteressen und die Unterschätzung der persönlichen Güter der grossen Massen deutlich erkennen lässt und so in engem Rahmen den ganzen einseitigen Geist des heutigen Obligationenrechts widerspiegelt.

Der § 706 des Entwurfs lautet folgendermassen: »Hat der Beschädigte in die beschädigende Handlung »eingewilligt, so steht ihm ein Anspruch auf Schaden»ersatz nicht zu.« Diese Bestimmung ist unbedenklich, wenn es sich lediglich um eine Beschädigung der Vermögensinteressen handelt, weil eine solche durch die

Einwilligung des Beschädigten den Charakter der Widerrechtlichkeit verliert. Aber der Beschädiger soll nach den Motiven (II, 730) auch dann von jeder Entschädigungspflicht frei sein, »wenn die Handlung trotz der »Einwilligung eine widerrechtliche und sogar strafbare »bleibt, z. B. in dem Falle der Verstümmelung behufs »Abwendung der Militärpflicht oder der Tötung mit »Einwilligung des Getöteten« (St.G.B. § 142, 216). Da das deutsche Reichsstrafgesetzbuch, damit über den Tötenden die geringere Strafe des § 216 verhängt werden kann, nicht bloss die Einwilligung des Getöteten, sondern sein »ausdrückliches und ernstliches Verlangen« voraussetzt, so ist gar nicht ausgeschlossen, dass auch ein Mörder (§ 211 St.G.B.) durch die Einwilligung des Gemordeten von der Verbindlichkeit zum Schadenersatz befreit wird.

Mit dem Satze, dass die Einwilligung in die schwersten Verbrechen ein zivilrechtlich gültiger Akt ist und wichtige Rechtsfolgen hervorbringt, machen die Verfasser im weiteren Verlauf der Motive vollkommen Ernst. »Die Einwilligung, sagen die Motive (II, 730), »ist ein einseitiges Rechtsgeschäft, erfordert also volle »und unbeschränkte Geschäftsfähigkeit des Einwilli»genden (§§ 64, 65—75 d. Entw.).« Demgemäss wird das minderjährige Mädchen, welches sich von seinem Geliebten töten lassen will, die Genehmigung ihres gesetzlichen Vertreters (Vater oder Vormund) einzuholen haben (§ 65 d. Entw.), um den Mörder oder Totschläger von der Schadenersatzpflicht zu befreien. Ja, wenn das Mädchen sich unter der Gewalt eines Vormundes befindet, so wird regelmässig (§ 1647, 1669 d. Entw.) die Genehmigung des Vormundschaftsgerichtes notwendig sein. Gewiss werden sich die deutschen Tragödiendichter diesen packenden Effekt nicht entgehen lassen und so wird die sterbende Heldin des künftigen deutschen Trauerspiels neben anderen Erinnerungen an den kurzen Liebestraum auch die Bewilligung des Amtsgerichts in den bebenden Händen halten.

Man wende dagegen nicht ein, dass es sich in solchen Fällen um einen unsittlichen Akt handelt, weil durch Beseitigung der privatrechtlichen Folgen der Anreiz zum Verbrechen erheblich verstärkt wird. Denn entweder ist die Zustimmung zu einem Verbrechen ein Rechtsgeschäft, dessen Inhalt gegen die guten Sitten verstösst; dann muss auch die Einwilligung grossjähriger Personen in die Verletzung ihrer persönlichen Güter privatrechtlich wirkungslos sein (§ 106 d. Entw.). Oder eine solche Einwilligung wird nicht als eine unsittliche Handlung betrachtet; dann kann der gesetzliche Vertreter und das Vormundschaftsgericht seine Genehmigung nicht versagen, wenn sich sonst der Schritt als zweckmässig darstellt.

Der wahre Grund für so gehäuften Widersinn ist jedenfalls auf dem Gebiete des Vertragsrechts zu suchen. Wenn der Dienstherr, wie wir oben gesehen haben, seine vertragsmässigen Rechte ausüben kann, mag auch dadurch das Leben, der Körper, die Gesundheit, die Arbeitskraft, die Ehre und die Sittlichkeit des Arbeiters verletzt werden, so kann man diese Befugnis gewiss nur dadurch begründen, dass der Dienstnehmer eben zu der Verletzung seiner persönlichen Güter zugestimmt hat. Wenn nun die Zustimmung zur Verletzung persönlicher Güter in dem Rahmen eines Vertragsverhältnisses jede Entschädigungspflicht beseitigt, so ist es nur folgerichtig, dass derselbe Rechtssatz auch auf dem Gebiete der unerlaubten Handlungen anerkannt wird. Die unsinnigen Konsequenzen, welche hier aus diesem Rechtssatz entspringen, mögen uns aber darüber belehren, welch' ungenügender Schutz den persönlichen Gütern der besitzlosen Volksklassen auf dem sozialpolitisch ungleich wichtigeren Gebiete des Vertragsrechts gewährt ist.

Vom Standpunkt der hier vertretenen Auffassung kann die richtige Fassung des § 706 des Entwurfs keinem Zweifel unterliegen. Derselbe hätte etwa so zu lauten: »Hat der Beschädigte bei Vermögensbeschä»digungen in die beschädigende Handlung eingewilligt, »so steht ihm ein Anspruch auf Schadenersatz nicht »zu. Handelt es sich dagegen um eine Verletzung des »Lebens, des Körpers, der Gesundheit, der Arbeitskraft, »der Ehre und der Sittlichkeit, so ist die Zustimmung »des Verletzten auf die Verpflichtung des Beschädigers »zum Ersatz des Vermögensschadens und zur Leistung »einer billigen Geldentschädigung ohne rechtliche Wir»kung. Auch ein Vertrag, durch welchen auf diese »Ansprüche vor erfolgter Verletzung verzichtet wird, »ist ungültig.«

Fünfte Abteilung.

Das Erbrecht des Entwurfs eines bürgerlichen Gesetzbuchs für das deutsche Reich.

LIV.

Das Erbrecht ist eine aristokratische Einrichtung, an welcher die besitzlosen Volksklassen fast gar nicht und unter den Besitzenden nur verhältnismässig enge Kreise teilnehmen. Die besitzlosen Volksklassen, also die grosse Mehrheit der Nation, haben an dem Erbrecht nur insofern ein mittelbares Interesse, dass jede Erbfolgeordnung, welche die Anhäufung von Reichtümern in den Händen Weniger begünstigt, die Zahl der Besitzlosen vermehrt und dadurch ihre Lebenshaltung notwendig herabdrückt. An dieser Stelle werden deshalb nur wenige Bemerkungen über einzelne Prinzipienfragen genügen.

Am deutlichsten zeigt sich die aristokratische Tendenz des Erbrechts bei jenen Gesetzgebungen, welche vorschreiben, dass das Vermögen nach dem Tode des Erblassers einer bestimmten Person, gewöhnlich dem ältesten Sohne, mit Ausschluss aller anderen Familienangehörigen zufallen soll. Hier wird also der grosse Gegensatz zwischen den Besitzenden und den Besitzlosen selbst in die Familien der besitzenden Volksklassen getragen. Ein einziges Kind erhält das von dem Erblasser hinterlassene Vermögen, ohne dass dieser durch letztwillige Verfügung etwas anderes bestimmen kann; die übrigen werden Proletarier oder sinken doch wenigstens in tiefere Kreise der Gesellschaft hinab. Man kann diese Erbfolgeordnung das System der zwangsweisen Erbvereinigung nennen.

Das System der zwangsweisen Erbvereinigung bezieht sich in der Regel nicht auf das ganze Vermögen des Erblassers, sondern nur auf einzelne sozial und wirtschaftlich besonders wichtige Bestandteile der Verlassenschaft. Das bekannteste Beispiel dieser Art ist das Familienfideikommiss, dessen Wesen darin besteht, dass das Fideikommissvermögen zur Erhaltung des Glanzes einer Familie immer nur einem bestimmten Familienmitgliede, gewöhnlich dem ältesten Sohne des verstorbenen Fideikommissbesitzers, kraft gesetzlicher Vorschrift zufällt. Vielfach werden die wesentlichen Bestimmungen der Fideikommisserbfolge auch auf die grosse Masse der gewöhnlichen Bauerngüter angewendet; in verhüllter Form verfolgt dieselbe aristokratische Tendenz das sogenannte Anerbenrecht. Da unter der Herrschaft des Systems der zwangsweisen Erbvereinigung, namentlich wenn dieses in irgend einer Form auch auf die gewöhnlichen Bauerngüter ausgedehnt wird, die enterbten Kinder in Masse den besitzlosen Volksklassen zuströmen und deren Lebenshaltung herabdrücken, so ist dasselbe als die für die ärmeren Bevölkerungsschichten ungünstigste Gestaltung des Erbrechts zu betrachten.

Die zweite Form der Erbfolgeordnung ist das System der zwangsweisen Erbteilung. Darnach wird das Vermögen des Verstorbenen unter seine Kinder oder in deren Ermanglung unter die entfernteren Verwandten von Gesetzeswegen geteilt, ohne dass der Erblasser diese Erbfolge durch letztwillige Verfügung ändern kann. Auch das System des Erbteilungszwangs bezieht sich in der Regel nicht auf das ganze Vermögen des Erblassers, sondern bloss auf einen grösseren oder geringeren Teil der Verlassenschaft. Es ist das eigentlich volkstümliche Erbsystem, da es von den besitzlosen Volksklassen, die ohnedies die Tendenz haben, sich durch übermässige Kindererzeugung über den Bedarf zu vermehren, wenigstens die Enterbten der höheren Stände fernzuhalten sucht.

Dies hat der französische Konvent sehr genau erkannt, welcher neben dem Familienrecht auch dem Erbrecht seine Aufmerksamkeit zugewendet hat. Nach mehreren Gesetzen dieser Versammlung [1]) kann jeder Staatsbürger, wenn er Kinder hat, bloss über den zehnten Teil, in anderen Fällen aber nur über ein Sechsteil seines Vermögens frei verfügen; der Rest sollte nach jenen Bestimmungen unter die gesetzlichen Erben, namentlich auch unter die Kinder des Erblassers, ohne Einräumung eines Vorrechts geteilt werden. Noch im heutigen französischen Recht bildet die freie Verfügung des Erblassers die Ausnahme, das System der zwangsweisen Erbteilung die überwiegende Regel (Code civil Art. 913 ff.). Auch in den übrigen Rechtssystemen

1) Gesetz vom 5 brumaire an II. (26. Okt. 1793) Art. 9 und 11; — Ges. vom 17 nivôse an II. (6. Jan. 1794) Art. 9 und 16; — Ges. vom 22 nivôse an II. (11. Jan. 1794) Z. 6.

wird der Gedanke des Erbteilungszwanges durch das Pflichtteilsrecht in umfassendem Masse verwirklicht.

Zwischen dem System der zwangsweisen Erbvereinigung und Erbteilung steht die dritte Form der Erbfolge: das System der Testamentsfreiheit in der Mitte. Das Wesen dieses Systems besteht darin, dass der Wille des Erblassers für das Schicksal seines Vermögens nach seinem Tode entscheidend ist. Die Testamentsfreiheit kann aber wieder auf eine doppelte Weise aufgefasst werden.

Zuvörderst so, dass die freie Verfügung des Erblassers über sein Vermögen als die Regel, die gesetzliche Erbfolge nur als eine Ausnahme zu betrachten ist, welche durchgreifend von der Rücksicht auf den Willen des Verstorbenen beherrscht wird. Hier verfolgt also der Gesetzgeber bei der Feststellung der gesetzlichen Erbfolge keinen anderen Zweck, als den wahrscheinlichen Willen des Erblassers zu ermitteln; die gesetzliche Erbfolge ist gleichsam ein allgemeines Testament, welches der Gesetzgeber für den Erblasser in jenen Fällen festsetzt, wo dieser selbst ein solches nicht hinterlassen hat. Umgekehrt kann man aber auch die gesetzliche Erbfolge als die regelmässige Form der Beerbung ansehen, von welcher der Erblasser jedoch durch letztwillige Verfügung abweichen kann, wenn eine solche Abweichung nach seinem Ermessen sich in dem einzelnen Falle als zweckmässig darstellt. Beide Auffassungen führen in juristischer Beziehung zu manchen wesentlich abweichenden Folgerungen; vom Standpunkt der sozialen Massenwirkungen ist jedoch der ganze Gegensatz ohne entscheidende Bedeutung.

So gross nun auch die Abweichungen sind, welche

die Erbrechtssysteme der einzelnen Länder durch die vorherrschende Geltung jener drei Grundformen trennen, so wird doch das wirtschaftliche Leben der Völker dadurch weniger beeinflusst, als von Juristen und Volkswirtschaftslehrern gewöhnlich angenommen wird. In Frankreich herrscht noch gegenwärtig das demokratische Prinzip des Erbteilungszwanges, während England ein auf der Testamentsfreiheit beruhendes aristokratisches Erbrecht besitzt; dennoch haben beide Länder in der wirtschaftlichen Entwicklung die höchste Stufe erreicht. Das wirtschaftliche Leben weiss sich eben sehr bald den verschiedensten rechtlichen Formen anzuschmiegen. Dagegen ist die Gestaltung des Erbrechts allerdings für die Lagerung der Gesellschaftsschichten innerhalb der Nation, für das Verhältnis zwischen den besitzenden und den besitzlosen Volksklassen, kurz für den ganzen sozialen Zustand von entscheidendem Einfluss. Während der Staat den bereits vorhandenen gesellschaftlichen Gruppen und Interessen fast machtlos gegenübersteht, hat er es in seiner Hand, durch das Erbrecht die sozialen Zustände der Zukunft innerhalb gewisser Grenzen frei zu bestimmen.

LV.

Fragt man nun, wie sich das Erbrecht des deutschen Entwurfs zu den dargestellten Prinzipienfragen verhält, so kann man diese Frage so beantworten, dass die Verfasser im wesentlichen die bisherigen Zustände aufrecht erhalten wollen. Während sie sonst die gesetzgeberischen Gedanken, welche den besitzlosen Volksklassen nachteilig sind, überall bis zur äussersten Schärfe und Schroffheit gesteigert haben, ist auf dem Gebiete des Erbrechts eher eine Milderung und Abschwächung wahrzunehmen.

Das Erbrecht des Entwurfs beruht zweifellos auf dem Grundsatze der Testamentsfreiheit. Der Erbe — sagt der § 1751 des Entwurfs — kann von dem Erblasser durch Verfügung von Todeswegen bestimmt werden (Erbeinsetzung). Wenn und soweit der Erblasser einen Erben nicht eingesetzt hat oder die Erbeinsetzung unwirksam ist oder unwirksam wird, tritt die gesetzliche Erbfolge ein. Aus dieser Gesetzesstelle geht wohl hervor, dass die Verfasser des Entwurfs die freie Verfügung des Erblassers als den ursprünglichen Regelfall, die gesetzliche Erbfolge als eine von der Rücksicht auf den Willen des Erblassers beherrschte Folgeerscheinung gedacht haben (vgl. jedoch Mot. V, 2). Doch kann der Erblasser, wenn ich mich dieses unjuristischen Ausdrucks bedienen darf, das Schicksal seines Vermögens nur für eine Generation bestimmen; denn eine Nacherbfolge kann (§ 1812 d. E.) nur einmal eintreten und wenn der Erblasser gleichwohl mehrere Nacherben eingesetzt hat, so wird diese Einsetzung mit dem Eintritt der ersten Nacherbfolge unwirksam.

Das Prinzip der Testamentsfreiheit, welches dem Entwurf zu Grunde liegt, wird aber in sehr weitem Umfang durch das System des Erbteilungszwanges modifiziert, indem der Erblasser verpflichtet ist, gewissen Angehörigen wenigstens die Hälfte des Wertes ihres gesetzlichen Erbteils zu hinterlassen (Pflichtteil). Die Personen, welchen der Pflichtteil gebührt, sind nach dem Entwurf die Kinder und sonstigen Abkömmlinge des Erblassers und in deren Ermangelung seine Eltern, ferner sein Ehegatte. Doch begründet das Pflichtteilsrecht nicht einen Anspruch auf einen entsprechenden Anteil an den Vermögensstücken der Verlassenschaft, sondern lediglich auf Zahlung des in einer bestimmten Weise zu ermittelnden Geldwertes (§ 1975, 1976, 1986 d. Entw.).

Aber auch das System der zwangsweisen Erbvereinigung — und dies ist der dritte Punkt — soll nach dem Entwurf in dem bisherigen Umfang aufrecht erhalten werden. Nach dem Einführungsgesetz (Art. 35) bleiben die Bestimmungen der Landesgesetze über die deutschrechtlichen Institute, welche in unserer Zeit vorzugsweise den Gedanken des Erbvereinigungszwanges verwirklichen, nämlich über die Familienfideikommisse, die Lehen und die Stammgüter unberührt und es können über diese Rechtsinstitute auch in Zukunft jederzeit neue Landesgesetze erlassen werden.

Die Fideikommisse, die Lehen und die Stammgüter sind vorherrschend zur Erhaltung des Glanzes adeliger Familien bestimmt; die besitzlosen Volksklassen werden durch diese Institute wenigstens unmittelbar nicht benachteiligt, weil die enterbten Kinder in andere Lebenskreise hinabsteigen. Desto wichtiger ist für die besitzlosen Bevölkerungsschichten die Erbfolge in die gewöhnlichen Bauerngüter, weil ihnen naturgemäss aus den ärmeren Klassen des Bauernstandes alle jene Elemente zuströmen, welche durch den Erbvereinigungszwang von dem Mitbesitz des väterlichen Gutes ausgeschlossen werden. Das Rechtsinstitut, welches diesen aristokratischen Tendenzen dient, ist in unserer Zeit das Anerbenrecht, eine eigentümliche Form der Erbfolge in Bauerngüter, in der das System der zwangsweisen Erbvereinigung mit dem Grundsatz der Testamentsfreiheit kombiniert erscheint.

Die in einzelnen Bundesstaaten geltenden Landesgesetze über das Anerbenrecht sollen nun auch unter der Herrschaft des bürgerlichen Gesetzbuchs fortbestehen. Nach dem Einführungsgesetz (Art. 83) bleiben nämlich die landesgesetzlichen Vorschriften unberührt, nach welchen, wenn zu einem Nachlasse ein zum Betriebe der Land- oder Forstwirtschaft bestimmtes Grundstück gehört und mehrere Erben vorhanden sind, einer der Erben (der Anerbe) von den übrigen Miterben verlangen kann, dass ihm bei der Auseinandersetzung das Grundstück mit Zubehör (Anerbengut) gegen Ersatz eines gewissen Wertes überlassen werde. In dieser gesetzlichen Begriffsbestimmung des Anerbenrechts ist der Gedanke des Erbvereinigungszwanges sehr deutlich ausgesprochen; der Anerbe hat den Anspruch, dass ihm allein das Bauerngut, regelmässig der wertvollste Teil der Verlassenschaft, eingeräumt wird.

Mit diesem Grundgedanken verbindet sich nun allerdings auch das System der Testamentsfreiheit, indem nach dem Einführungsgesetz (Art. 83) dem Eigentümer des Bauerngutes durch landesgesetzliche Vorschriften das Recht nicht entzogen werden kann, das Anerbenrecht durch Verfügung von Todeswegen auszuschliessen oder zu beschränken. Der Eigentümer kann also nicht nur während seines Lebens über das Bauerngut durch Verträge frei verfügen (Mot. des Einf.-Ges. S. 216), sondern er kann auch in seinem letzten Willen die Teilung des Bauerngutes anordnen. Hat er aber dies unterlassen, so tritt das System der zwangsweisen Erbvereinigung in der Form des Anerbenrechts in Wirksamkeit. Der Anerbe erhält überdies das Gut zu einem tief unter dem wahren Wert bestimmten Preis; selbst die Pflichtteilsansprüche der Miterben, obgleich der Pflichtteil ohnedies nur die Hälfte des gesetzlichen Erbteils beträgt, können bei der Bewertung des Gutes beeinträchtigt werden (Art. 84, 85 des Einf.-Ges. und Mot. S. 217). Kurz das Anerbenrecht ist ein Rechtsinstitut, welches den Familienegoismus der ländlichen Bevölkerung und ihre Scheu vor der Errichtung letztwilliger Verfügungen dazu benützt, um unter Aufrechterhaltung der Verkehrsfreiheit in Ansehung der Bauerngüter die wesentlichen Wirkungen des Erbvereinigungszwanges herbeizuführen.

LVI.

Die aristokratischen Elemente eines Volkes, welche ihre vorteilhafte Lage vorherrschend der Gunst der Gesetzgebung verdanken, haben überall die Tendenz, die Grundsätze, auf welchen ihre eigene soziale Stellung beruht, über alle Schichten der Gesellschaft zu verbreiten. Vor allem muss jede zielbewusste Grundaristokratie das System der zwangsweisen Erbvereinigung in ihren eigenen Familien durchführen und deshalb das lebenskräftigste Rechtsinstitut, welches diesem Zwecke dient, nämlich das Familienfideikommiss ausbilden und entwickeln. Dann aber wird die Grundaristokratie trachten, die Rechtsregeln des Familienfideikommisses auch auf die Bauerngüter auszudehnen; als Uebergangsform zu diesem Endziel kann die Zwitterbildung des Anerbenrechtes dienen. Auf dem Gebiete des Gewerbes verfolgt dieselbe aristokratische Tendenz das System der mehr oder weniger geschlossenen Zünfte, durch welches das Recht, gewerbliche Arbeiten für eigene Rechnung zu verrichten, kraft positiver Gesetzesvorschrift nur bestimmten begünstigten Meistern eingeräumt wird. Kurz, wenn die aristokratischen Elemente eines Volkes hinreichende Einsicht in das Wesen gesellschaftlicher Machtverhältnisse besitzen, so werden sie ihre günstige, aber gefährdete Lage in der Weise stützen und sichern müssen, dass sie mit Hilfe der Gesetzgebung innerhalb der wichtigeren Stände der Gesellschaft ein Abbild ihrer eigenen sozialen Stellung zu schaffen versuchen.

So sehr nun auch alle diese Massregeln in der natürlichen Richtung der aristokratischen Bestrebungen liegen, so wäre es doch völlig verfehlt, dieselben, wie so oft geschehen ist, als christlich-soziales Programm zu bezeichnen. Vielmehr stehen sie nach meiner Auffassung zu dem Christentum in einem ausgesprochenen Gegensatz. Christus hat sich ausschliesslich eine religiöse Aufgabe gestellt und hatte deshalb gar kein soziales Programm. Aus seinen überlieferten Reden ist nur eine tiefe Sympathie für die Armen und eine ebenso entschiedene Abneigung gegen die Reichen zu entnehmen. Bekannt ist der Ausspruch Christi (Matth. 19, 24), dass eher ein Kameel durch ein Nadelöhr kommen werde, als ein Reicher in das Himmelreich — wohl die furchtbarste Verurteilung des Reichtums, die jemals der Mund eines Religionsstifters ausgesprochen hat. Da nun jenes aristokratische Programm die Tendenz verfolgt, innerhalb aller Stände der Gesellschaft künstlich Reiche und Arme zu schaffen, so kann man mit Sicherheit voraussetzen, dass Christus demselben seine Genehmigung versagt haben würde.

Dieses aristokratische Programm in Verbindung mit der Arbeiterschutzgesetzgebung und der Zwangsversicherung bildet nun ungefähr diejenigen Massregeln, welche heute in der deutschen Wissenschaft als die Sozialreform bezeichnet werden. Man will in jedem Stande einer Gruppe von begünstigten Personen ein Gedeck an dem grossen Bankett der Natur sicherstellen, ohne zu bemerken, dass die weit überwiegende Mehrzahl an der Thür des Bankettsaales vergebens um Einlass pocht. Man will den Bevorrechteten in jedem Berufszweig durch positive Rechtssatzung ein arbeitsloses Einkommen oder wenigstens einen hohen Arbeitslohn zuwenden; aber man vergisst, dass die Zurückgesetzten in die besitzlosen Volksklassen hinabsinken und deren dürftige Lebenshaltung noch mehr herabdrücken müssen. Und doch bilden auch die besitzlosen Volksklassen in unserer Zeit einen Stand, der in Beziehung auf die innere Organisation und auf die Gleichheit der Lage und der Lebensziele den höheren Gesellschaftsschichten kaum nachsteht und der sich deshalb mit vollem Recht gegen die Aufnahme jener Elemente verwahren kann, welche diese zur Erhaltung ihres Glanzes oder ihrer Tüchtigkeit ausscheiden wollen.

Schwerlich würde sich jedoch die deutsche Wissenschaft der aristokratischen Sozialpolitik so allgemein angeschlossen haben, wenn sie nicht von der Ansicht ausginge, dass diese zur Erhaltung der Monarchie unerlässlich ist. Aber auch diese Ansicht ist ein Irrtum oder vielmehr ein veraltetes Vorurteil. Die Monarchie hat in unserer Zeit eher das Interesse, die aristokratische Sozialpolitik zu bekämpfen, als diese durch ihren Einfluss zu fördern.

So lang die inneren Kämpfe der europäischen Völker sich ausschliesslich um politische Ideale bewegten, lag es allerdings im Interesse der Monarchie, die Bildung und die Erhaltung von grossen arbeitslosen Einkommen zu begünstigen. Denn es war niemals schwer, die Inhaber dieser Einkommen, namentlich die grosse Grundaristokratie, für die Interessen der Monarchie zu gewinnen; damit war aber zugleich der ganze soziale Anhang, der damals mit jedem grossen arbeitslosen Einkommen verbunden war, in den Interessenkreis der Dynastien gezogen. Deshalb erteilen alle konservativen Politiker, Edmund Burke an der Spitze, der Monarchie den Rat, die Grundaristokratie zu begünstigen, welche noch im vorigen Jahrhundert die grossen arbeitslosen Einkommen fast ausschliesslich repräsentiert hat.

Heute besteht dagegen für jeden, welcher durch den verhüllenden Schleier der diplomatischen und parlamentarischen Nichtigkeiten zu schauen versteht, der wahre Inhalt der weltgeschichtlichen Bewegung in einem Kampf zwischen den besitzenden und den besitzlosen Volksklassen, zwischen Arbeitslohn und arbeitslosem Einkommen. Schon jetzt kann man deshalb die grösseren arbeitslosen Einkommen kaum mehr als eine Stütze der Monarchie betrachten, und noch mehr wird sich die Richtigkeit dieser Bemerkung im weiteren Verlauf der sozialen Bewegung erweisen. So sehr aber jener Kampf zwischen den besitzenden und den besitzlosen Volksklassen die politischen Gegensätze der Vergangenheit und der Gegenwart an Wichtigkeit übertrifft, so ist doch bei dem Streit der ökonomischen und sozialen Parteien an und für sich kein Lebensinteresse der Monarchie gefährdet. Hier sind deshalb für die letztere die Grundlagen einer vermittelnden Thätigkeit gegeben, von welcher wir die ersten Anfänge bereits wahrnehmen können.

Vor allem liegt es in dem wohlverstandenen Interesse der Monarchie, die fortwährende Schärfung der sozialen Gegensätze zu verhindern, damit zur allmählichen Umbildung der Rechtsordnung im Interesse der unteren Volksschichten die notwendige Zeit gewonnen wird. Mit der fortschreitenden Durchführung des aristokratischen Programms müssen sich aber ausserhalb der bevorrechteten Kreise in immer grösserem Massstab unzufriedene Proletariermassen ansammeln. Denkt man sich die aristokratische Sozialpolitik vollständig durchgeführt, so wäre der grossen Masse der Nation nicht nur der Besitz, sondern auch von Gesetzeswegen jede Hoffnung auf eine Verbesserung ihrer Lage entzogen. Die Hoffnungslosigkeit der Volksmassen ist aber erfahrungsgemäss der Zustand, aus dem grosse Umwälzungen am sichersten hervorgehen. Mit gutem Grunde hat der grosse Florentiner auf das Thor seiner Hölle nicht den Schmerz und das Leid, sondern die Hoffnungslosigkeit als das grösste Uebel, als die furchtbarste aller Drohungen geschrieben. Man hüte sich deshalb, zu der Besitzlosigkeit der Massen noch die Hoffnungslosigkeit hinzuzufügen!

Diese Gedanken würden sich weit über die bürgerliche Gesetzgebung hinaus auch auf dem Gebiete des öffentlichen Rechts, namentlich in der Gewerbe- und Sozialpolitik, als fruchtbar erweisen. Innerhalb des bürgerlichen Rechts müssten sie vorzüglich zu einer Einschränkung des Systems der zwangsweisen Erbvereinigung führen. Man brauchte zu diesem Zweck nur das fünfte Buch des Entwurfs als die für alle Gesellschaftsklassen gültige Erbfolgeordnung zu erklären, während gegenwärtig das Erbrecht des Entwurfs durch die Ausnahmsbestimmungen des Einführungsgesetzes um den besten Teil seiner Wirksamkeit gebracht wird. Eine solche Massregel würde, ich gestehe es, einen sehr durchgreifenden Charakter haben; aber wer nicht die Interessen einzelner Stände, sondern jene der gesamten sozialen Ordnung ins Auge fasst, wird dieselbe als richtig erkennen.

Das Mindeste aber, was im Interesse einer ruhigen Entwicklung unserer sozialen Ordnung verlangt werden muss, würde darin bestehen, dass die Reichsgesetzgebung der fortschreitenden Ausdehnung des Erbvereinigungszwanges entgegentritt. Es müsste also wenigstens durch das bürgerliche Gesetzbuch oder durch das Einführungsgesetz bestimmt werden, dass in Zukunft neue Familienfideikommisse nicht errichtet, neue Gesetze über das Anerbenrecht nicht erlassen werden dürfen. Auch auf dem Gebiete des geltenden Fideikommiss- und Anerbenrechtes hätte die Reichsgesetzgebung den Gegensatz zwischen den begünstigten und den zurückgesetzten Personen nach Möglichkeit zu mildern. Das Detail dieser Frage entzieht sich wegen seines vorherrschend juristischen Charakters an dieser Stelle der Besprechung; nur dies mag bemerkt werden, dass von Reichswegen eine Bestimmung zu treffen wäre, dass die Fideikommissanwärter von dem Fideikommissinhaber nach einer bestimmten Ordnung die anständige Versorgung, die Miterben von dem Anerben ihren vollen, durch Vorausempfänge und willkürliche

Schätzungen nicht geschmälerten Pflichtteil zu fordern berechtigt sind.

LVII.

Es ist ein Lieblingsplan mancher Sozialisten, die Einführung einer neuen sozialen Ordnung durch die Beseitigung des Erbrechtes herbeizuführen. In der That ist es ein freundlicher Gedanke, den Uebergang zu neuen Formen des menschlichen Daseins dadurch zu mildern und zu erleichtern, dass man die zeitigen Eigentümer im Genusse ihres Vermögens belässt und erst die nachfolgende Generation, welche schon in anderen Anschauungen aufgewachsen ist, in die neue Ordnung der Dinge eintreten lässt. Wer aber die Rechtsordnung als eine Summe von dauernd anerkannten Machtverhältnissen ansieht, wird nicht verkennen, dass das Erbrecht nichts ist als eine Ausdehnung des Privateigentums über die engen Grenzen des menschlichen Lebens, und dass deshalb das Schicksal dieser beiden grundlegenden Einrichtungen nicht getrennt werden kann.

Wohl aber ist es möglich, bei Aufrechterhaltung der Testierfreiheit die Grenzen der gesetzlichen Erbfolge etwas enger zu ziehen. Zahlreiche Schriftsteller, welche sonst vollständig auf dem Boden der geltenden Rechtsordnung stehen, haben sich für eine solche Einschränkung der gesetzlichen Erbfolge ausgesprochen. Nur der deutsche Entwurf hat auch in dieser Richtung die Anschauungen der obersten Zehntausend aufgenommen, bei welchen infolge ihrer hervorragenden Stellung selbst die Erinnerung an die entferntesten Familienbeziehungen festgehalten werden kann. Nach dem Entwurf haben nämlich in Ermangelung einer letztwilligen Verfügung in erster Reihe die Kinder des Erblassers (erste Linie) zu erben; dann seine Eltern und deren Nachkommen (zweite Linie); in dritter Reihe die Grosseltern und ihre Nachkommen (dritte Linie); dann die vierte, fünfte, sechste Linie und so weiter, ohne dass in Beziehung auf die erbberechtigten Linien irgend eine gesetzliche Grenze bestimmt wird. (§ 1965 bis 1969 des Entwurfs.) Es wäre kaum eine Ueberspannung der juristischen Konsequenz, wenn ein gläubiger Christ, die Bibel in der Hand, auf Grund seiner Abstammung vom gemeinsamen Vater der Menschheit die Auslieferung einer erblosen Verlassenschaft begehren würde.

Die Gesetzbücher, welche die gesetzliche Erbfolge bis in sehr entfernte Verwandtschaftsgrade (z. B. bis in die sechste Linie) oder gar, wie der deutsche Entwurf, ohne jede Begrenzung eintreten lassen, beruhen auf den sozialen Zuständen früherer Zeiten, wo die Familien in Stadt und Land durch Jahrhunderte in enger Verbindung zusammensassen. Diese Verhältnisse sind gegenwärtig höchstens noch bei der Aristokratie und dem höheren Bürgertum bis zu einem gewissen Grade vorhanden. Bei den mittleren und unteren Ständen finden dagegen in unserer Zeit infolge der verbesserten Transportmittel, des Anwachsens der Städte, des Militär- und Beamtenwesens und aus anderen Gründen ungeheure Wanderungen im Innern der einzelnen Länder statt, welche nach kurzer Zeit das Bewusstsein der Familienzusammengehörigkeit aufheben. Stellt man sich bei der Gestaltung der gesetzlichen Erbfolge auf den Standpunkt dieser weiten Lebenskreise, so wird man höchstens noch der dritten Linie (den

Grosseltern des Erblassers, seinen Onkeln und Tanten und deren Nachkommen) ein gesetzliches Erbrecht einräumen können.

Freilich gehen die Motive (V, 366) von der Ansicht aus, dass es bei der Verwandtenerbfolge nicht auf das Bewusstsein der Familienzusammengehörigkeit, sondern auf die unmittelbare oder mittelbare Blutsverbindung ankommt. Allein wenn man die gesetzliche Erbfolge als ein Testament betrachtet, welches der Gesetzgeber mit Rücksicht auf den wahrscheinlichen Willen des Erblassers für den Fall festgesetzt hat, dass dieser keine letztwillige Verfügung hinterlässt, so kann doch der Mangel jenes Bewusstseins nicht ohne Bedeutung sein! Aber auch wenn man die gesetzliche Erbfolge als die regelmässige Form der Beerbung ansieht, so lässt sich nicht verkennen, dass die körperliche und geistige Aehnlichkeit der Blutsverwandten in den mittleren und unteren Bevölkerungsschichten wegen der grösseren Differenzierung der Lage und der Lebensberufe in den entfernteren Verwandtschaftsgraden viel rascher abnimmt, als in den aristokratischen Schichten der Gesellschaft, welche ihren Familientypus oft durch Jahrhunderte festhalten. Wenn also die Motive auf die Blutsverbindung als auf die Grundlage der Verwandtenerbfolge verweisen, so verfolgen sie kaum einen anderen Zweck, als ihre rein aristokratische Auffassung des gesetzlichen Erbrechts der Verwandten zu verhüllen. Der Entwurf hat auch gar kein Bedenken getragen, den unehelichen Kindern jedes Erbrecht gegen ihren Erzeuger und dessen Familie zu versagen (Mot. V, 359) und hat damit deutlich zu erkennen gegeben, dass selbst die unmittelbarste Blutsverbindung zur Begründung des Erbrechts nicht genügt, wenn dieses Angehörigen der unteren Volksklassen zustehen würde.

Denkt man sich die gesetzliche Erbfolge auf die zweite oder höchstens auf die dritte Linie beschränkt, so würden sich natürlich die erblosen Verlassenschaften erheblich vermehren. Diese sollen nach dem Entwurf (§ 1974) dem Fiskus desjenigen deutschen Bundesstaates zufallen, welchem der Erblasser zur Zeit seines Todes angehört hat. Die Motive (V, 378 ff.) haben nicht den Versuch gemacht, dieses in manchen Richtungen eigentümlich ausgebildete Erbrecht näher zu begründen; es genügt den Verfassern, dass dasselbe überall in Wirksamkeit steht. Schwerlich wird man auch für jenes Recht des Staatsschatzes genügende Gründe anführen können. Bei den erblosen Verlassenschaften wird es noch häufiger als bei den herrenlosen Sachen vorkommen, dass das Nachlassvermögen aus dem arbeitslosen Einkommen des Erblassers oder seiner Vorfahren angehäuft worden ist, ja hier kann man diesen Fall als die überwiegende Regel betrachten. Es entspricht nur der Gerechtigkeit, dass die Verlassenschaft, wenn sie durch den Tod des Erblassers und durch den Mangel eines berechtigten Erben aus der Eigentumsordnung hinausgefallen ist, wieder den arbeitenden Klassen zufällt, aus deren Arbeitsertrag das Nachlassvermögen angesammelt worden ist. In welcher Weise dieser Gedanke praktisch verwirklicht werden kann, ist schon in einem früheren Abschnitt dieser Blätter (XXXIV) dargelegt worden.

LVIII.

Sowie die Erbfolgeordnung des deutschen Entwurfs, namentlich infolge der Ausnahmsbestimmungen des Einführungsgesetzes, einen vorherrschend aristokratischen Charakter hat, so sind auch die mehr formellen Bestimmungen des Erbrechts durchgreifend auf die Bedürfnisse der hervorragendsten Lebenskreise zugeschnitten. Ich will hier nur die Testamentsformen und die Nachlassregulierung des deutschen Entwurfes ins Auge fassen.

Was zunächst die Förmlichkeiten der letztwilligen Verfügungen betrifft, so müssen diese nach dem Entwurf (§ 1914) regelmässig in gerichtlicher oder notarieller Form errichtet werden. Das mündliche und das schriftliche Privattestament sollen in Zukunft in ganz Deutschland ausgeschlossen sein; insbesondere werden auch schriftliche Testamente, welche von dem Erblasser geschrieben und unterschrieben sind (sog. holographe Testamente) der Gültigkeit entbehren, obgleich dieselben in Oesterreich und Frankreich ohne jeden erkennbaren Nachteil zugelassen werden (Mot. V, 257). Auf die gerichtliche oder notarielle Testamentsform verzichtet das Gesetz selbst dann nicht, wenn der Eigentümer eines Bauerngutes zur Errichtung eines Testaments von Gesetzeswegen genötigt ist, um den Eintritt der aristokratischen Erbfolge nach Anerbenrecht auszuschliessen (Mot. zum Einführungsgesetz S. 216, 217).

Nun wird aber jedes Rechtsgeschäft, für welches der Gesetzgeber ohne Not verwickelte und kostspielige Förmlichkeiten festsetzt, dadurch künstlich zu einem Privilegium der Reichen und Gebildeten gemacht. Freilich wird der Inhalt der Testamente, wie die Motive (V, 257) richtig hervorheben, durch die gerichtliche und notarielle Form besser sichergestellt; aber dieser

Vorteil wird nur den höheren Gesellschaftsschichten zu Gute kommen, während den unteren und den mittleren Klassen durch die Häufung der Testamentsförmlichkeiten die Testamentsfreiheit thatsächlich wieder zum grossen Teile entzogen wird. Vollends die ländliche Bevölkerung wird bei ihrer geistigen Schwerfälligkeit nur in seltenen Fällen gerichtliche oder notarielle Testamente errichten und so wird in jenen Ländern, wo gesetzlich das Anerbenrecht besteht, die aristokratische Erbfolge in die Bauerngüter die weit überwiegende Regel bilden. Erwägt man nun die sozialen Konsequenzen dieses Zustandes (vgl. oben LVI.), so kann man mit gutem Grunde behaupten, dass durch die Vorschriften des Entwurfs über die gerichtliche Testamentsform in Verbindung mit den Ausnahmsbestimmungen des Einführungsgesetzes über das Anerbenrecht die Lebenshaltung der besitzlosen Volksklassen weit tiefer beeinflusst wird, als durch manche wirtschaftliche Einrichtungen und Erscheinungen, welche diese für ihre gedrückte Lage in erster Reihe verantwortlich machen. Und doch könnte man auf den ersten Blick annehmen, dass jene gesetzlichen Bestimmungen über die Testamentsform einen rein juristischen Charakter haben und zu den Interessen der besitzlosen Volksklassen in gar keiner Beziehung stehen.

Ebenso einseitig wie in Ansehung der Testamentsförmlichkeiten ist der deutsche Entwurf in Beziehung auf die N a c h l a s s r e g u l i e r u n g, d. h. die Uebertragung des Nachlasses auf den hiezu gesetzlich berechtigten Erben. Ich habe schon in einem früheren Abschnitt dieser Blätter (XII.) darauf hingewiesen, dass der Staat in den Zivilrechtsstreiten, wenn er auf diesem Gebiete die Gleichheit zwischen Reich und Arm einigermassen herstellen will, eine umfassende Thätigkeit von Amtswegen entwickeln muss. Noch zweifelloser ist dies in Ansehung des sogenannten ausserstreitigen Verfahrens, auf welchem Gebiet überall schon jetzt in sehr weitem Umfang eine amtliche Thätigkeit des Staates stattfindet. Der wichtigste Gegenstand des ausserstreitigen Verfahrens ist aber das successive Privatrecht, welches die zeitliche Aufeinanderfolge der Menschen und den Uebergang ihres Vermögens ordnet und das folglich das Familien- und das Erbrecht umfasst (vgl. oben XIII.). Wir sehen auch, dass der moderne Staat in Ansehung des Familienrechts eine weitgehende amtliche Thätigkeit entwickelt, indem er den Familienstand der einzelnen Staatsbürger durch die Personalstandsregister von Amtswegen feststellt und die Rechtsverhältnisse des Familienrechts im Falle des Streites bis zu einem gewissen Grade von Amtswegen verwirklicht.

Dagegen soll der Staat nach dem deutschen Entwurf bei dem Uebergang des Vermögens von einer Generation auf die andere dieselbe unthätige Haltung beobachten, welche er heute in fast allen Zivilrechtsstreiten einnimmt. Eine gerichtliche Regulierung des Nachlasses soll daher regelmässig nicht eintreten; nur in einzelnen Ausnahmsfällen, z. B. wenn der Erbe unbekannt, abwesend oder handlungsunfähig ist, hat das Nachlassgericht für die Sicherheit des Nachlasses von Amtswegen soweit zu sorgen, als das Bedürfnis erfordert (§ 2058 des Entw. und Mot. V, 541).

Freilich kann der Erblasser nach dem Entwurf einen Testamentsvollstrecker mit der Aufgabe betrauen, den Uebergang des Nachlasses an die berechtigten

Erben und auch die Auseinandersetzung unter diesen letzteren zu bewirken (§ 1889 des Entw.). Den Reichen werden auch immer Testamentsvollstrecker zu Gebote stehen, welche fähig und bereit sind, die Regulierung ihres Nachlasses zu übernehmen; desto sicherer werden aber in Ermangelung einer amtlichen Thätigkeit der Gerichte die Verlassenschaften der Armen verwahrlost werden. Selbst wenn die Landesgesetzgebungen, was nach dem Einführungsgesetze (Art. 90) zulässig ist, bestimmen sollten, dass die Notare zur Annahme des Amtes eines Testamentsvollstreckers verpflichtet sind, so werden sich in Ansehung des Nachlasses der Armen alle jene Nachteile ergeben, welche ich oben (XI.) für die streitige Zivilrechtspflege auseinandergesetzt habe.

Will man also die Gleichheit zwischen Reich und Arm nicht allzusehr verletzen, so muss man nach dem Vorbild der österreichischen Gesetzgebung, mit welcher auch das Recht einzelner deutschen Bundesstaaten bis zu einem gewissen Grade übereinstimmt, die Verfügung treffen, dass das Gericht jeden Nachlass von Amtswegen zu regulieren, d. h. für dessen Uebergang an die wahrscheinlichen Erben zu sorgen hat. (Vgl. auch Einf.-Ges. Art. 88, 89 und Mot. S. 230 f.) Es würde übrigens keinem Bedenken unterliegen, auch das Interesse der wohlhabenden Stände, welche meistens durch Ernennung von geschäftsgewandten Testamentsvollstreckern für eine rasche und sachgemässe Regulierung ihrer Verlassenschaften sehr wohl zu sorgen wissen, durch die Bestimmung wahrzunehmen, dass das amtliche Eingreifen des Gerichtes in die Nachlassverhandlung nur dann stattzufinden hat, wenn nicht der

Erblasser selbst einen Testamentsvollstrecker ernannt hat (§ 2058, Abs. 2 des Entw.).

LIX.

Gar mancher Leser wird meinen bisherigen Ausführungen mit einer dringenden Frage auf den Lippen gefolgt sein. Es mag sein, werden Viele sagen, dass der Entwurf eines bürgerlichen Gesetzbuchs für das deutsche Reich die Besitzenden einseitig begünstigt und die besitzlosen Volksklassen selbst dort zurücksetzt, wo eine solche Zurücksetzung durch die Grundgedanken unserer Privatrechtsordnung nicht geboten ist. Aber ist das jemals anders gewesen? Hat das römische und das deutsche Recht, auf welchen unser heutiges bürgerliches Recht beruht, die ärmeren Volksschichten nicht noch schroffer und einseitiger behandelt? Welche Veränderungen in den Machtverhältnissen der beiden grossen Volkskreise sind eingetreten, um eine so eingreifende Umbildung uralter Zustände zu rechtfertigen, wie sie in diesen Blättern gefordert wird?

In der That lässt sich nicht verkennen, dass bei den Römern der Gegensatz zwischen Freien und Sklaven, welcher ungefähr dem Verhältnis zwischen Besitzenden und Besitzlosen in der heutigen Gesellschaftsordnung entspricht, dieses letztere an Härte und Einseitigkeit noch übertroffen hat. Aber die Römer hatten Einsicht und Folgerichtigkeit genug, um auch die notwendigen Konsequenzen dieser Sachlage zu ziehen. Der grossen Masse der römischen Sklaven blieb jede geistige Ausbildung verschlossen, sie nahmen an der Leitung des Staates niemals einen Anteil und wenn es galt, die Heimat zu verteidigen, so sind mit seltenen

Ausnahmen immer nur die Freien in das Feld gerückt. Die geistige, politische und militärische Ueberlegenheit der freien Römer war deshalb so gross und so zweifellos, dass sich die Sklaverei trotz mancher Aufstände bis zum Untergang der römischen Kultur behaupten konnte. Aehnliche Zustände haben während des ganzen Mittelalters und während der neuen Zeit bis tief in das achtzehnte Jahrhundert fortgedauert.

Seit dem achtzehnten Jahrhundert hat sich aber diese Lage völlig verändert. In Deutschland wurde die allgemeine Schulpflicht, in Frankreich wurde während der grossen Revolution das allgemeine Stimmrecht und die allgemeine Wehrpflicht eingeführt und diese grundlegenden Einrichtungen haben sich seither, allerdings mit manchen Abschwächungen und Rückschlägen, über die ganze zivilisierte Welt verbreitet. Durch diese drei demokratischen Institutionen sind die gesellschaftlichen Machtverhältnisse vollständig zu Gunsten der besitzlosen Volksklassen verschoben worden, wenngleich infolge der Langsamkeit sozialer Entwicklungen noch entfernt nicht alle Konsequenzen der geänderten Sachlage hervorgetreten sind. Auch für unser veraltetes Privatrecht, welches bisher inmitten einer Welt von Veränderungen seine starre Unbeweglichkeit behauptet hat, ist endlich die Zeit gekommen; es muss, wie alle anderen Einrichtungen, dem volkstümlichen Zuge unserer Zeit folgen. Ich habe es versucht, in dieser Schrift die Ziele anzudeuten, welche eine volkstümliche Umbildung des bürgerlichen Rechts anstreben muss.

Unsere Väter und Grossväter waren fast ausschliesslich von politischen Idealen erfüllt; damals war die Verkündigung einer Verfassung mit einer erklecklichen

Anzahl von politischen Grundrechten ein Ereignis, welches das Gedankenleben einer ganzen Generation in Anspruch nahm. Heute ist es vorherrschend der soziale Zustand der Volksmassen, welcher die Gemüter der Menschen bewegt; dieser ist aber zum grossen Teile von der Beschaffenheit der bürgerlichen Gesetzgebung abhängig. Deshalb sollten die Staatsmänner in Deutschland und anderwärts die Ausbildung des bürgerlichen Rechts nicht, wie bisher, als eine Aufgabe betrachten, welche naturgemäss den Fachjuristen zufällt und lediglich von juristischen Gesichtspunkten zu lösen ist. Man möge auch nicht allzusehr auf den mildernden Einfluss der Sozialgesetzgebung vertrauen, deren wohlthätige Wirkungen sich nach der Natur der Sache nur auf vergleichsweise enge Lebenskreise erstrecken können, während durch das bürgerliche Recht der soziale Zustand aller Staatsbürger bestimmt wird. Ein einseitiges bürgerliches Gesetzbuch, welches die Gerichte täglich und stündlich nötigt, den besitzlosen Volksklassen Unrecht zu geben, muss diese allmählich auf das Tiefste verbittern. Deshalb habe ich auch, zahlreicher Bedenken nicht achtend, die Kritik des bürgerlichen Gesetzbuchs vom Standpunkt der besitzlosen Klassen unternommen. Möge sich die deutsche Nation diese Darstellung zu Nutze machen!

Printed in Dunstable, United Kingdom

91220027R00137